Smaki Chin

Autentyczna Kuchnia Chińska w Twojej Kuchni

Li Mei

Indeks

Duszone Pędy Bambusa *10*
Kurczak z ogórkiem *11*
Sezamowy Kurczak *12*
Liczi z imbirem *13*
Gotowane na czerwono skrzydełka z kurczaka *14*
Mięso kraba z ogórkiem *15*
Grzyby marynowane *16*
Marynowane Grzyby Czosnkowe *17*
Krewetki i kalafior *18*
Paluszki szynkowe z sezamem *19*
Zimne Tofu *20*
Kurczak z boczkiem *21*
Frytki z kurczaka i banana *22*
Kurczak z imbirem i grzybami *23*
Kurczak i szynka *25*
Grillowane Wątróbki Z Kurczaka *26*
Kulki krabowe z kasztanami wodnymi *27*
Dim sum *28*
Roladki z szynką i kurczakiem *29*
Przepisy na pieczoną szynkę *30*
Ryba pseudowędzona *31*
Wypchane grzyby *33*
Grzyby W Sosie Ostrygowym *34*
Roladki wieprzowe i sałatowe *35*
Pulpety wieprzowe i kasztanowe *37*
Pierogi wieprzowe *38*
Paszteciki z wieprzowiny i cielęciny *40*
krewetki motylkowe *41*
Chiński Kamerun *42*
Krakersy Krewetkowe *43*
Chrupiące Krewetki *44*
Krewetki z sosem imbirowym *45*

Roladki z krewetek i makaronu 46
krewetki Toast 48
Wontony wieprzowe i krewetkowe z sosem słodko-kwaśnym 49
Bulion z kurczaka 51
Zupa z kiełków fasoli i wieprzowiny 52
Zupa z uchowców i grzybów 53
Zupa z kurczaka i szparagów 55
Zupa mięsna 56
Chińska zupa z wołowiną i liśćmi 57
Kapuśniak 58
Pikantna zupa wołowa 59
Niebiańska zupa 61
Zupa z kurczakiem i bambusem 62
Zupa z kurczaka i kukurydzy 63
Zupa z kurczaka i imbiru 64
Zupa z kurczaka z grzybami chińskimi 65
Zupa z kurczakiem i ryżem 66
Zupa z kurczakiem i kokosem 67
Zupa z małży 68
Zupa Jajeczna 69
Zupa z krabów i przegrzebków 70
Zupa krabowa 72
Zupa rybna 73
Zupa rybna i sałata 74
Zupa imbirowa z knedlami 76
Gorąca i kwaśna zupa 77
Zupa grzybowa 78
Zupa grzybowo-kapuściana 79
Zupa Grzybowo-Jajeczna 80
Zupa grzybowo-kasztanowa 81
Zupa wieprzowo-grzybowa 82
Zupa Wieprzowa I Rukiew Wodna 83
Zupa wieprzowo-ogórkowa 84
Zupa Z Klopsami Wieprzowymi I Makaronem 85
Zupa szpinakowa i tofu 86
Zupa z kukurydzy i krabów 87

Zupa syczuańska 88
Zupa Tofu 90
Zupa Tofu i Ryba 91
Zupa pomidorowa 92
Zupa pomidorowo-szpinakowa 93
Zupa Rzepa 94
Zupa warzywna 95
Zupa Wegetariańska 96
Zupa z rukwii wodnej 97
Smażona ryba z warzywami 98
Pieczona Cała Ryba 100
Duszona ryba sojowa 102
Ryba sojowa z sosem ostrygowym 103
Gotowany okoń morski 105
Pieczona Ryba Z Pieczarkami 106
Słodko kwaśna ryba 108
Ryba faszerowana wieprzowiną 110
Sezonowany Pieczony Karp 112
Karp słodko-kwaśny 114
Pikantna Pieczona Wieprzowina 116
Bułeczki wieprzowe na parze 117
Wieprzowina z kapustą 119
Wieprzowina z kapustą i pomidorami 121
Marynowana wieprzowina z kapustą 122
Wieprzowina z selerem 124
Wieprzowina Z Kasztanami I Pieczarkami 125
Kotlet schabowy 126
Wieprzowina Yakisoba 127
Pieczona wieprzowina Chow Mein 129
Wieprzowina z Chutneyem 130
Wieprzowina z ogórkiem 131
Chrupiąca Wieprzowina Wieprzowina Wieprzowina 132
Roladki wieprzowe i jajeczne 133
Roladki z jajek wieprzowych i krewetek 134
Pieczona wieprzowina z jajkami 135
Ognista Świnia 136

Smażony Filet Wieprzowy 137
Wieprzowina Pięć Przypraw 138
Pachnąca Pieczona Wieprzowina 139
Wieprzowina z mielonym czosnkiem 140
Smażona Wieprzowina Z Imbirem 141
Wieprzowina z fasolką szparagową 142
Wieprzowina z szynką i tofu 143
Smażone kebaby wieprzowe 145
Pieczona golonka wieprzowa w czerwonym sosie 146
Marynowana Wieprzowina 148
Marynowane Kotlety Schabowe 149
Wieprzowina Z Pieczarkami 150
Kotlet mielony na parze 151
Czerwona Wieprzowina Z Pieczarkami 152
Naleśnik wieprzowy z makaronem 153
Wieprzowina i krewetki z naleśnikiem z makaronem 154
Wieprzowina z sosem ostrygowym 155
Wieprzowina z orzeszkami ziemnymi 156
Wieprzowina z papryką 158
Pikantna wieprzowina z piklami 159
Wieprzowina z sosem śliwkowym 160
Wieprzowina Z Krewetkami 161
Czerwona wieprzowina 162
Wieprzowina w czerwonym sosie 163
Wieprzowina z makaronem ryżowym 165
Bogate kluski wieprzowe 167
Pieczone Kotlety Wieprzowe 168
Sezonowana wieprzowina 168
Śliskie plastry wieprzowiny 170
Wieprzowina ze szpinakiem i marchewką 171
Wieprzowina na parze 172
Smażona wieprzowina 173
Wieprzowina ze słodkimi ziemniakami 174
Mięso wieprzowe słodko-gorzkie 175
Solona Wieprzowina 176
Wieprzowina z tofu 177

Delikatna wieprzowina 178
Świnia dwa razy 179
Wieprzowina z warzywami 180
Wieprzowina z orzechami włoskimi 181
Wontony wieprzowe 182
Wieprzowina z kasztanami wodnymi 183
Wontony wieprzowe i krewetkowe 184
Klopsiki mielone na parze 185
Żeberka z sosem z czarnej fasoli 186
Pieczone żeberka 187
Pieczone żeberka klonowe 188
Smażone żeberka 189
Żeberka z porem 190
Żeberka Z Pieczarkami 191
Żeberka z pomarańczą 192
Kotlet ananasowy 193
Chrupiący kotlet z krewetek 194
Żeberka z winem ryżowym 195
Żeberka z sezamem 196
Kotlety z sosem słodko-kwaśnym 197
Duszone Żeberka 199
Żeberka Z Pomidorem 200
Wieprzowina Pieczona Na Grillu 201
Zimna wieprzowina z musztardą 202
Chińska Pieczona Wieprzowina 203
Wieprzowina ze szpinakiem 204
Smażone kulki wieprzowe 205
Roladki z jajek wieprzowych i krewetek 206
Mielona wieprzowina na parze 207
Smażona wieprzowina z mięsem kraba 208
Wieprzowina z kiełkami fasoli 209
Pijana świnia 210
Noga wieprzowa na parze 211
Pieczona wieprzowina z warzywami 213
Świnia dwa razy 214
Nerki Wieprzowe Z Mangetoutem 215

Czerwona szynka z kasztanami *216*
Smażona szynka i kulki jajeczne *217*
Szynka i Ananas *218*
Frittata z szynką i szpinakiem *219*

Duszone Pędy Bambusa

Służy 4

60 ml/4 łyżki oleju arachidowego
225 g pędów bambusa pokrojonych w paski
60 ml/4 łyżki bulionu z kurczaka
15 ml/1 łyżka sosu sojowego
5 ml/1 łyżeczka cukru
5 ml/1 łyżeczka wina ryżowego lub wytrawnego sherry

Rozgrzej olej i smaż pędy bambusa przez 3 minuty. Wymieszaj bulion, sos sojowy, cukier i wino lub sherry i dodaj na patelnię. Przykryj i gotuj przez 20 minut. Pozostawić do ostygnięcia i schłodzić przed podaniem.

Kurczak z ogórkiem

Służy 4

1 ogórek, obrany i pozbawiony nasion
225 g gotowanego kurczaka, pokrojonego na kawałki
5 ml/1 łyżeczka musztardy w proszku
2,5 ml/¬Ω łyżeczki soli
30 ml/2 łyżki octu winnego

Ogórka pokroić w paski i ułożyć na płaskim talerzu. Na wierzchu ułóż kurczaka. Wymieszaj musztardę, sól i ocet winny i polej kurczaka przed podaniem.

Sezamowy Kurczak

Służy 4

350 g gotowanego kurczaka
120 ml/4 uncji/¬Ω szklanki wody
5 ml/1 łyżeczka musztardy w proszku
15 ml/1 łyżka sezamu
2,5 ml/¬Ω łyżeczki soli
szczypta cukru
45 ml/3 łyżki posiekanej świeżej kolendry
5 szczypiorków (szczypiorek), posiekanych
¬Ω główka sałaty, posiekana

Kurczaka pokroić w cienkie paski. Zmieszaj z musztardą tyle wody, aby powstała gładka pasta i wmieszaj ją do kurczaka. Na suchej patelni prażymy nasiona sezamu, aż się lekko zarumienią, następnie dodajemy je do kurczaka i posypujemy solą i cukrem. Dodać połowę natki pietruszki i szczypiorku, dobrze wymieszać. Ułóż sałatę na talerzu, posyp mieszanką kurczaka i udekoruj pozostałą natką pietruszki.

Liczi z imbirem

Służy 4

1 duży arbuz, przekrojony na pół i pozbawiony pestek
450 g/1 funt liczi z puszki, odsączonych
5 cm/2 łodygi imbiru, pokrojonego w plasterki
trochę liści mięty

Nadziewaj połówki melona liczi i imbirem, dekoruj listkami mięty. Ostudzić przed podaniem.

Gotowane na czerwono skrzydełka z kurczaka

Służy 4

8 skrzydełek z kurczaka
2 szczypiorek (szczypiorek), posiekany
75 ml/5 łyżek sosu sojowego
120 ml/4 uncji/¬Ω szklanki wody
30 ml/2 łyżki brązowego cukru

Odetnij i wyrzuć kościste końce skrzydełek kurczaka i przekrój je na pół. Umieścić na patelni z pozostałymi składnikami, zagotować, przykryć i gotować przez 30 minut. Zdejmij pokrywkę i gotuj na wolnym ogniu przez kolejne 15 minut, często podlewając. Pozostawić do ostygnięcia, a następnie schłodzić przed podaniem.

Mięso kraba z ogórkiem

Służy 4

100 g mięsa kraba w płatkach
2 ogórki, obrane i posiekane
1 plasterek korzenia imbiru, posiekany
15 ml/1 łyżka sosu sojowego
30 ml/2 łyżki octu winnego
5 ml/1 łyżeczka cukru
kilka kropli oleju sezamowego

Włóż mięso kraba i ogórki do miski. Wymieszaj pozostałe składniki, polej mieszaniną mięsa krabowego i dobrze wymieszaj. Przykryj i wstaw do lodówki na 30 minut przed podaniem.

Grzyby marynowane

Służy 4

225 g pieczarek
30 ml/2 łyżki sosu sojowego
15 ml/1 łyżka wina ryżowego lub wytrawnego sherry
szczypta soli
kilka kropli sosu tabasco
kilka kropli oleju sezamowego

Grzyby blanszować we wrzącej wodzie przez 2 minuty, odcedzić i osuszyć. Umieścić w misce i zalać pozostałymi składnikami. Dobrze wymieszaj i przechowuj w lodówce przed podaniem.

Marynowane Grzyby Czosnkowe

Służy 4

225 g pieczarek
3 ząbki czosnku, zmiażdżone
30 ml/2 łyżki sosu sojowego
30 ml/2 łyżki wina ryżowego lub wytrawnego sherry
15 ml/1 łyżka oleju sezamowego
szczypta soli

Pieczarki i czosnek włóż do durszlaka, zalej wrzącą wodą i odstaw na 3 minuty. Odcedzić i dobrze wysuszyć. Pozostałe składniki wymieszać, zalać marynatą grzyby i marynować przez 1 godzinę.

Krewetki i kalafior

Służy 4

225 g różyczek kalafiora
100 g obranych krewetek
15 ml/1 łyżka sosu sojowego
5 ml/1 łyżeczka oleju sezamowego

Gotuj kalafior przez około 5 minut, aż będzie miękki, ale nadal chrupiący. Wymieszaj z krewetkami, posyp sosem sojowym i olejem sezamowym, wymieszaj. Ostudzić przed podaniem.

Paluszki szynkowe z sezamem

Służy 4

225 g szynki pokrojonej w paski
10 ml/2 łyżeczki sosu sojowego
2,5 ml/¬Ω łyżeczki oleju sezamowego

Ułóż szynkę na talerzu do serwowania. Wymieszaj sos sojowy i olej sezamowy, posyp szynkę i podawaj.

Zimne Tofu

Służy 4

450 g/1 funt tofu, pokrojonego w plasterki
45 ml/3 łyżki sosu sojowego
45 ml/3 łyżki oleju arachidowego
świeżo zmielony pieprz

Tofu wrzucamy po kilka plasterków na durszlak i zanurzamy we wrzącej wodzie na 40 sekund, następnie odcedzamy i układamy na talerzu. Ostudzić. Wymieszaj sos sojowy z olejem, posyp tofu i podawaj posypane pieprzem.

Kurczak z boczkiem

Służy 4

225 g kurczaka, pokrojonego w bardzo cienkie plasterki
75 ml/5 łyżek sosu sojowego
15 ml/1 łyżka wina ryżowego lub wytrawnego sherry
1 ząbek czosnku, zmiażdżony
15 ml/1 łyżka brązowego cukru
5 ml/1 łyżeczka soli
5 ml/1 łyżeczka posiekanego korzenia imbiru
225 g chudego boczku pokrojonego w kostkę
100 g kasztanów wodnych, pokrojonych w bardzo cienkie plasterki
30 ml/2 łyżki miodu

Umieść kurczaka w misce. Zmieszaj 45 ml/3 łyżki sosu sojowego z winem lub sherry, czosnkiem, cukrem, solą i imbirem, polej kurczaka i marynuj przez około 3 godziny. Na patyki do szaszłyków nabijamy kurczaka, bekon i kasztany. Pozostały sos sojowy wymieszaj z miodem i posmaruj kebaby. Smaż (piecz) na gorącym grillu przez około 10 minut, aż będzie ugotowany, często obracając i posmarowując większą ilością glazury podczas gotowania.

Frytki z kurczaka i banana

Służy 4

2 ugotowane piersi z kurczaka
2 twarde banany
6 kromek chleba
4 jajka
120 ml/4 uncji/½ szklanki mleka
50 g/2 uncji/½ szklanki mąki zwykłej (uniwersalnej)
225 g/8 uncji/4 filiżanek świeżej bułki tartej
olej do smażenia

Kurczaka pokroić na 24 kawałki. Banany obrać i pokroić wzdłuż na ćwiartki. Każdą ćwiartkę przekrój na trzy części, aby uzyskać 24 kawałki. Odetnij skórkę z chleba i pokrój go na cztery części. Jajka roztrzepać z mlekiem i posmarować jedną stronę chleba. Połóż kawałek kurczaka i kawałek banana na posmarowanej jajkiem stronie każdego kawałka chleba. Kwadraty lekko obtaczamy w mące, maczamy w jajku i panierujemy w bułce tartej. Ponownie zanurzamy w jajku i bułce tartej. Rozgrzewamy olej i smażymy po kilka kwadratów na złoty kolor. Przed podaniem odsączyć na papierze kuchennym.

Kurczak z imbirem i grzybami

Służy 4

225 g filetów z piersi kurczaka
5 ml/1 łyżeczka proszku pięciu smaków
15 ml/1 łyżka mąki zwykłej (uniwersalnej)
120 ml/4 uncji/¬Ω szklanki oleju arachidowego
4 szalotki, przekrojone na pół
1 ząbek czosnku, pokrojony w plasterki
1 plasterek korzenia imbiru, posiekany
25 g/1 uncja/¬th szklanki orzechów nerkowca
5 ml/1 łyżeczka miodu
15 ml/1 łyżka mąki ryżowej
75 ml/5 łyżek wina ryżowego lub wytrawnego sherry
100 g grzybów pokrojonych w ćwiartki
2,5 ml/¬Ω łyżeczki kurkumy
6 żółtych papryk przeciętych na pół
5 ml/1 łyżeczka sosu sojowego
sok cytrynowy
sól i pieprz
4 chrupiące liście sałaty

Pierś kurczaka pokroić ukośnie w poprzek włókien w cienkie paski. Posypać proszkiem pięciu smaków i lekko oprószyć mąką. Rozgrzać 15 ml/1 łyżkę oleju i smażyć kurczaka na złoty kolor. Zdjąć z patelni. Rozgrzej trochę oliwy i smaż cebulę, czosnek, imbir i orzechy nerkowca przez 1 minutę. Dodaj miód i mieszaj, aż warzywa pokryją się nim. Posypać mąką i dodać wino lub sherry. Dodać grzyby, szafran i pieprz i smażyć przez 1 minutę. Dodać kurczaka, sos sojowy, połowę soku z cytryny, sól i pieprz, podgrzać. Zdjąć z patelni i trzymać w cieple. Rozgrzewamy odrobinę oliwy, dodajemy liście sałaty i szybko smażymy, doprawiając solą i pieprzem oraz pozostałym sokiem z limonki. Na rozgrzanym talerzu ułóż liście sałaty, połóż na nich mięso i warzywa i podawaj.

Kurczak i szynka

Służy 4

225 g kurczaka, pokrojonego w bardzo cienkie plasterki
75 ml/5 łyżek sosu sojowego
15 ml/1 łyżka wina ryżowego lub wytrawnego sherry
15 ml/1 łyżka brązowego cukru
5 ml/1 łyżeczka posiekanego korzenia imbiru
1 ząbek czosnku, zmiażdżony
225 g szynki gotowanej, pokrojonej w kostkę
30 ml/2 łyżki miodu

Kurczaka włożyć do miski, dodać 45 ml/3 łyżki sosu sojowego, wino lub sherry, cukier, imbir i czosnek. Pozostawić do marynowania na 3 godziny. Na patyczki do szaszłyków nabijamy kurczaka i szynkę. Pozostały sos sojowy wymieszaj z miodem i posmaruj kebaby. Smażymy na rozgrzanym grillu przez około 10 minut, często obracając i posmarowując glazurą podczas smażenia.

Grillowane Wątróbki Z Kurczaka

Służy 4

450 g/1 funt wątróbki drobiowej
45 ml/3 łyżki sosu sojowego
15 ml/1 łyżka wina ryżowego lub wytrawnego sherry
15 ml/1 łyżka brązowego cukru
5 ml/1 łyżeczka soli
5 ml/1 łyżeczka posiekanego korzenia imbiru
1 ząbek czosnku, zmiażdżony

Wątróbki drobiowe gotuj we wrzącej wodzie przez 2 minuty i dobrze odsącz. Włożyć do miski, wymieszać ze wszystkimi pozostałymi składnikami oprócz oleju i marynować przez około 3 godziny. Nabijaj wątróbki drobiowe na patyki do szaszłyków i smaż na rozgrzanym grillu przez około 8 minut, aż uzyskasz złoty kolor.

Kulki krabowe z kasztanami wodnymi

Służy 4

450 g/1 funt mięsa kraba, posiekanego
100 g posiekanych kasztanów wodnych
1 ząbek czosnku, zmiażdżony
1 cm/¬Ω pokrojony korzeń imbiru, posiekany
45 ml/3 łyżki mąki kukurydzianej (skrobi kukurydzianej)
30 ml/2 łyżki sosu sojowego
15 ml/1 łyżka wina ryżowego lub wytrawnego sherry
5 ml/1 łyżeczka soli
5 ml/1 łyżeczka cukru
3 ubite jajka
olej do smażenia

Wymieszaj wszystkie składniki oprócz oleju i uformuj kulki. Rozgrzej olej i smaż kulki kraba na złoty kolor. Dobrze odcedzić przed podaniem.

Dim sum

Służy 4

100 g obranych krewetek, posiekanych
225 g chudej wieprzowiny, drobno posiekanej
50 g kapusty pekińskiej, drobno posiekanej
3 szczypiorek (szczypiorek), posiekany
1 jajko, ubite
30 ml/2 łyżki mąki kukurydzianej (skrobi kukurydzianej)
10 ml/2 łyżeczki sosu sojowego
5 ml/1 łyżeczka oleju sezamowego
5 ml/1 łyżeczka sosu ostrygowego
24 skórki wontonów
olej do smażenia

Wymieszaj krewetki, wieprzowinę, kapustę i szalotkę. Wymieszaj jajko, mąkę kukurydzianą, sos sojowy, olej sezamowy i sos ostrygowy. Nałóż łyżki mieszanki na środek każdej skórki wontonu. Delikatnie dociśnij owijki wokół nadzienia, zaciskając krawędzie, ale górną część zostawiając otwartą. Rozgrzej olej i smaż po kilka dim sumów na złoty kolor. Dobrze odcedź i podawaj na gorąco.

Roladki z szynką i kurczakiem

Służy 4

2 piersi z kurczaka
1 ząbek czosnku, zmiażdżony
2,5 ml/¬Ω łyżeczki soli
2,5 ml/¬Ω łyżeczki proszku pięciu smaków
4 plasterki gotowanej szynki
1 jajko, ubite
30ml/2 łyżki mleka
25 g/1 uncja/¬th szklanki mąki uniwersalnej
4 skórki do bułek jajecznych
olej do smażenia

Piersi z kurczaka przekrój na pół. Zmiel je, aż będą bardzo drobne. Wymieszaj czosnek, sól i proszek pięciu smaków i posyp kurczaka. Na każdym kawałku kurczaka połóż plasterek szynki i mocno zwiń. Wymieszaj jajko i mleko. Kawałki kurczaka lekko oprósz mąką i zanurz w mieszance jajecznej. Każdy kawałek ułóż na bułce jajecznej i posmaruj brzegi roztrzepanym jajkiem. Złóż boki i zwiń, ściskając krawędzie, aby je złączyć. Rozgrzej olej i smaż bułki przez około 5 minut, aż będą złociste i ugotowane. Odsącz na papierze kuchennym i pokrój w grube plastry po przekątnej i podawaj.

Przepisy na pieczoną szynkę

Służy 4

350 g/12 uncji/3 filiżanek mąki zwykłej (uniwersalnej)
175 g/6 uncji/szklanka masła
120 ml/4 uncji/¬Ω szklanki wody
225 g szynki, posiekanej
100 g posiekanych pędów bambusa
2 szczypiorek (szczypiorek), posiekany
15 ml/1 łyżka sosu sojowego
30 ml/2 łyżki nasion sezamu

Do miski wsyp mąkę i wcieraj ją w masło. Wymieszaj wodę, aby wyrobić ciasto. Ciasto rozwałkować i pokroić w krążki o średnicy 5 cm/2. Wymieszaj wszystkie pozostałe składniki oprócz nasion sezamu i nałóż łyżką do każdego koła. Brzegi ciasta posmaruj wodą i sklej. Z zewnątrz posmaruj wodą i posyp sezamem. Piec w piekarniku nagrzanym do 180-∞C/350-∞F/gaz, stopień 4, przez 30 minut.

Ryba pseudowędzona

Służy 4

1 okoń morski
3 plasterki korzenia imbiru, pokrojone w plasterki
1 ząbek czosnku, zmiażdżony
1 szalotka (szalotka), pokrojona w grube plasterki
75 ml/5 łyżek sosu sojowego
30 ml/2 łyżki wina ryżowego lub wytrawnego sherry
2,5 ml/¬Ω łyżeczki mielonego anyżu
2,5 ml/¬Ω łyżeczki oleju sezamowego
10 ml/2 łyżeczki cukru
120 ml/4 uncje uncji/szklanka bulionu
olej do smażenia
5 ml/1 łyżeczka mąki kukurydzianej (skrobi kukurydzianej)

Rybę obierz i pokrój w plastry o grubości 5 mm (~° cala) wzdłuż włókien. Wymieszaj imbir, czosnek, szczypiorek, 60 ml/4 łyżki sosu sojowego, sherry, anyż i olej sezamowy. Polać rybę i delikatnie wymieszać. Odstawiamy na 2 godziny, od czasu do czasu obracając.

Odcedź marynatę na patelnię i osusz rybę na papierze kuchennym. Do marynaty dodać cukier, bulion i pozostały sos sojowy, doprowadzić do wrzenia i gotować przez 1 minutę. Jeśli sos potrzebuje zgęstnienia, mąkę kukurydzianą rozmieszaj z odrobiną zimnej wody, dodaj do sosu i gotuj, mieszając, aż sos zgęstnieje.

W międzyczasie rozgrzej olej i smaż rybę na złoty kolor. Wysusz dobrze. Kawałki ryby zanurzamy w marynacie i układamy na ciepłym talerzu. Podawać na gorąco lub na zimno.

Wypchane grzyby

Służy 4

12 dużych suszonych kapeluszy grzybów
225 g mięsa kraba
3 posiekane kasztany wodne
2 szczypiorek (szczypiorek), drobno posiekany
1 białko jaja
15 ml/1 łyżka mąki kukurydzianej (skrobi kukurydzianej)
15 ml/1 łyżka sosu sojowego
15 ml/1 łyżka wina ryżowego lub wytrawnego sherry

Grzyby namoczyć na noc w ciepłej wodzie. Wyciśnij do sucha. Pozostałe składniki wymieszać i wypełnić nimi kapelusze grzybów. Ułożyć na talerzu i gotować na parze przez 40 minut. Podawać na gorąco.

Grzyby W Sosie Ostrygowym

Służy 4

10 suszonych grzybów chińskich
250 ml/8 uncji/1 szklanka bulionu wołowego
15 ml/1 łyżka mąki kukurydzianej (skrobi kukurydzianej)
30 ml/2 łyżki sosu ostrygowego
5 ml/1 łyżeczka wina ryżowego lub wytrawnego sherry

Grzyby namoczyć w ciepłej wodzie na 30 minut, a następnie odcedzić, zachowując 250 ml płynu do namaczania. Odrzuć łodygi. Zmieszaj 60 ml/4 łyżki bulionu mięsnego z mąką kukurydzianą, aż uzyskasz pastę. Pozostały bulion mięsny zagotować z grzybami i płynem grzybowym, przykryć i dusić przez 20 minut. Wyjmij grzyby z płynu łyżką cedzakową i połóż na gorącym talerzu. Dodaj sos ostrygowy i sherry na patelnię i smaż, mieszając, przez 2 minuty. Dodaj pastę z mąki kukurydzianej i gotuj, mieszając, aż sos zgęstnieje. Polać grzybami i natychmiast podawać.

Roladki wieprzowe i sałatowe

Służy 4

4 suszone grzyby chińskie
15 ml/1 łyżka oleju arachidowego
225 g chudej wieprzowiny, mielonej
100 g posiekanych pędów bambusa
100 g posiekanych kasztanów wodnych
4 szalotki (szczypiorek), posiekane
175 g mięsa kraba w płatkach
30 ml/2 łyżki wina ryżowego lub wytrawnego sherry
15 ml/1 łyżka sosu sojowego
10 ml/2 łyżeczki sosu ostrygowego
10 ml/2 łyżeczki oleju sezamowego
9 chińskich liści

Grzyby namoczyć w ciepłej wodzie na 30 minut i odcedzić. Odrzuć łodygi i posiekaj wierzchołki. Rozgrzej olej i smaż wieprzowinę przez 5 minut. Dodaj grzyby, pędy bambusa, kasztany wodne, szalotkę i mięso kraba i smaż przez 2 minuty. Wymieszaj wino lub sherry, sos sojowy, sos ostrygowy i olej sezamowy i wmieszaj na patelnię. Zdjąć z ognia. W międzyczasie blanszuj liście chińskie we wrzącej wodzie przez 1 minutę i odcedź. Na środek każdego arkusza nałóż łyżki mieszanki wieprzowej, złóż boki i zwiń przed podaniem.

Pulpety wieprzowe i kasztanowe

Służy 4

450 g/1 funt mielonej wieprzowiny (mielonej)
50 g grzybów, drobno posiekanych
50 g kasztanów wodnych, drobno posiekanych
1 ząbek czosnku, zmiażdżony
1 jajko, ubite
30 ml/2 łyżki sosu sojowego
15 ml/1 łyżka wina ryżowego lub wytrawnego sherry
5 ml/1 łyżeczka posiekanego korzenia imbiru
5 ml/1 łyżeczka cukru
sól
30 ml/2 łyżki mąki kukurydzianej (skrobi kukurydzianej)
olej do smażenia

Wymieszaj wszystkie składniki oprócz mąki kukurydzianej i uformuj z powstałej masy małe kulki. Obtaczamy w mące kukurydzianej. Rozgrzej olej i smaż klopsiki przez około 10 minut, aż będą złociste. Dobrze odcedzić przed podaniem.

Pierogi wieprzowe

Służy 4

450 g/1 funt mąki zwykłej (uniwersalnej)
500 ml/17 uncji uncji/2 szklanki wody
450 g/1 funt gotowanej wieprzowiny, mielonej
225 g obranych krewetek, posiekanych
4 łodygi selera, posiekane
15 ml/1 łyżka sosu sojowego
15 ml/1 łyżka wina ryżowego lub wytrawnego sherry
15 ml/1 łyżka oleju sezamowego
5 ml/1 łyżeczka soli
2 szczypiorek (szczypiorek), drobno posiekany
2 ząbki czosnku, zmiażdżone
1 plasterek korzenia imbiru, posiekany

Wymieszaj mąkę i wodę, aż uzyskasz miękkie ciasto i dobrze zagniataj. Przykryj i odstaw na 10 minut. Rozwałkuj ciasto tak cienko, jak to możliwe i pokrój w koła o średnicy 5 cm/2. Wymieszaj wszystkie pozostałe składniki. Na każde kółko nakładamy po łyżce masy, zwilżamy brzegi i zamykamy w półkole. W garnku zagotuj wodę i ostrożnie włóż do niej kluski. Gdy kluski wyrosną, dodać 150 ml/¬°pt/¬æ szklanki zimnej wody i ponownie zagotować wodę. Gdy kluski ponownie wyrosną, są ugotowane.

Paszteciki z wieprzowiny i cielęciny

Służy 4

100 g mielonej wieprzowiny (mielonej)
100 g mielonej cielęciny (mielonej)
1 plasterek wędzonego boczku, posiekany (mielony)
15 ml/1 łyżka sosu sojowego
sól i pieprz
1 jajko, ubite
30 ml/2 łyżki mąki kukurydzianej (skrobi kukurydzianej)
olej do smażenia

Mięso mielone wymieszać z boczkiem, doprawić solą i pieprzem. Połącz z jajkiem, uformuj kulki wielkości orzecha włoskiego i posyp mąką kukurydzianą. Rozgrzej olej i smaż na złoty kolor. Dobrze odcedzić przed podaniem.

krewetki motylkowe

Służy 4

450 g obranych dużych krewetek
15 ml/1 łyżka sosu sojowego
5 ml/1 łyżeczka wina ryżowego lub wytrawnego sherry
5 ml/1 łyżeczka posiekanego korzenia imbiru
2,5 ml/¬Ω łyżeczki soli
2 jajka, ubite
30 ml/2 łyżki mąki kukurydzianej (skrobi kukurydzianej)
15 ml/1 łyżka mąki zwykłej (uniwersalnej)
olej do smażenia

Krewetki przekrój do połowy grzbietu i rozłóż, tworząc motyla. Wymieszaj sos sojowy, wino lub sherry, imbir i sól. Polać krewetkami i pozostawić do marynowania na 30 minut. Wyjąć z marynaty i osuszyć. Ubij jajko z mąką kukurydzianą i mąką, aż powstanie ciasto, w którym zanurzaj krewetki. Rozgrzej olej i smaż krewetki na złoty kolor. Dobrze odcedzić przed podaniem.

Chiński Kamerun

Służy 4

450 g/1 funt krewetek w skorupkach
30 ml/2 łyżki sosu Worcestershire
15 ml/1 łyżka sosu sojowego
15 ml/1 łyżka wina ryżowego lub wytrawnego sherry
15 ml/1 łyżka brązowego cukru

Umieść krewetki w misce. Pozostałe składniki wymieszać, polać krewetkami i marynować przez 30 minut. Przełożyć na blachę do pieczenia i piec w nagrzanym piekarniku w temperaturze 150-∞C/300-∞F/gaz, stopień 2, przez 25 minut. Podawać na gorąco lub na zimno w muszlach, aby goście mogli je obrać.

Krakersy Krewetkowe

Służy 4

100 g krakersów krewetkowych
olej do smażenia

Rozgrzej olej, aż będzie bardzo gorący. Dodawaj po garści krakersów krewetkowych i smaż przez kilka sekund, aż zrobią się puszyste. Wyjmij z oleju i odsącz na papierze kuchennym, kontynuując smażenie ciasteczek.

Chrupiące Krewetki

Służy 4

450 g obranych krewetek tygrysich
15 ml/1 łyżka wina ryżowego lub wytrawnego sherry
10 ml/2 łyżeczki sosu sojowego
5 ml/1 łyżeczka proszku pięciu smaków
sól i pieprz
90 ml/6 łyżek mąki kukurydzianej (skrobi kukurydzianej)
2 jajka, ubite
100 g bułki tartej
olej arachidowy do smażenia

Krewetki polać winem lub sherry, sosem sojowym i proszkiem pięciu przypraw, doprawić solą i pieprzem. Zanurzaj je w mące kukurydzianej i panieruj w roztrzepanym jajku i bułce tartej. Smażyć na rozgrzanym oleju kilka minut, aż lekko się zarumieni, odcedzić i od razu podawać.

Krewetki z sosem imbirowym

Służy 4

15 ml/1 łyżka sosu sojowego
5 ml/1 łyżeczka wina ryżowego lub wytrawnego sherry
5 ml/1 łyżeczka oleju sezamowego
450 g/1 funt obranych krewetek
30 ml/2 łyżki posiekanej świeżej natki pietruszki
15 ml/1 łyżka octu winnego
5 ml/1 łyżeczka posiekanego korzenia imbiru

Wymieszaj sos sojowy, wino lub sherry i olej sezamowy. Polać krewetkami, przykryć i marynować przez 30 minut. Grilluj krewetki przez kilka minut, aż będą ugotowane, polewając marynatą. W międzyczasie wymieszaj natkę pietruszki, ocet winny i imbir i podawaj z krewetkami.

Roladki z krewetek i makaronu

Służy 4

50 g makaronu jajecznego, podzielonego na kawałki
15 ml/1 łyżka oleju arachidowego
50 g chudej wieprzowiny, drobno posiekanej
100 g posiekanych grzybów
3 szczypiorek (szczypiorek), posiekany
100 g obranych krewetek, posiekanych
15 ml/1 łyżka wina ryżowego lub wytrawnego sherry
sól i pieprz
24 skórki wontonów
1 jajko, ubite
olej do smażenia

Makaron gotujemy 5 minut we wrzącej wodzie, odcedzamy i siekamy. Rozgrzej olej i smaż wieprzowinę przez 4 minuty. Dodaj grzyby i cebulę, smaż przez 2 minuty i zdejmij z ognia. Wymieszaj krewetki, wino lub sherry i makaron, dopraw do smaku solą i pieprzem. Nałóż łyżką mieszanki na środek każdej skórki wontonu i posmaruj krawędzie roztrzepanym jajkiem. Złóż krawędzie i zwiń opakowania, sklejając krawędzie.

Rozgrzej olej i smaż po kilka bułek przez około 5 minut, aż będą złociste. Przed podaniem odsączyć na papierze kuchennym.

krewetki Toast

Służy 4

2 jajka 450 g/1 funt obranych krewetek, posiekanych
15 ml/1 łyżka mąki kukurydzianej (skrobi kukurydzianej)
1 cebula, drobno posiekana
30 ml/2 łyżki sosu sojowego
15 ml/1 łyżka wina ryżowego lub wytrawnego sherry
5 ml/1 łyżeczka soli
5 ml/1 łyżeczka posiekanego korzenia imbiru
8 kromek chleba pokrojonych w trójkąty
olej do smażenia

Wymieszaj 1 jajko ze wszystkimi pozostałymi składnikami oprócz chleba i oleju. Nałóż mieszaninę na trójkąty chlebowe i uformuj kopułę. Posmaruj pozostałym jajkiem. Rozgrzej około 5 cm oleju i smaż trójkąty chlebowe na złoty kolor. Dobrze odcedzić przed podaniem.

Wontony wieprzowe i krewetkowe z sosem słodko-kwaśnym

Służy 4

120 ml/4 uncji/¬Ω szklanki wody

60 ml/4 łyżki octu winnego

60 ml/4 łyżki brązowego cukru

30 ml/2 łyżki przecieru pomidorowego (pasty)

10 ml/2 łyżeczki mąki kukurydzianej (skrobi kukurydzianej)

25 g/1 uncja grzybów, posiekanych

25 g obranych krewetek, posiekanych

50 g chudej wieprzowiny, mielonej

2 szczypiorek (szczypiorek), posiekany

5 ml/1 łyżeczka sosu sojowego

2,5 ml/¬Ω łyżeczki startego korzenia imbiru

1 ząbek czosnku, zmiażdżony

24 skórki wontonów

olej do smażenia

W małym rondlu wymieszaj wodę, ocet winny, cukier, przecier pomidorowy i mąkę kukurydzianą. Doprowadzić do wrzenia, ciągle mieszając, i gotować przez 1 minutę. Zdejmij z ognia i trzymaj w cieple.

Wymieszaj grzyby, krewetki, wieprzowinę, szalotki, sos sojowy, imbir i czosnek. Na każdą skórkę nakładamy po łyżce farszu, brzegi smarujemy wodą i dociskamy. Rozgrzej olej i smaż po kilka wontonów na złoty kolor. Odsączyć na papierze kuchennym i podawać gorące z sosem słodko-kwaśnym.

Bulion z kurczaka

Na 2 litry/3½ pkt/8½ filiżanek

1,5 kg gotowanych lub surowych kości kurczaka

450 g/1 funt kości wieprzowych

1 cm/½ kawałka korzenia imbiru

3 szalotki (szalotka), pokrojone w plasterki

1 ząbek czosnku, zmiażdżony

5 ml/1 łyżeczka soli

2,25 litra / 4 punkty / 10 szklanek wody

Wszystkie składniki zagotować, przykryć i gotować 15 minut. Usuń tłuszcz. Przykryj i gotuj przez 1 1/2 godziny. Odcedź, ostudź i odcedź. Zamrozić w małych ilościach lub przechowywać w lodówce i zużyć w ciągu 2 dni.

Zupa z kiełków fasoli i wieprzowiny

Służy 4

450 g/1 funt wieprzowiny pokrojonej w kostkę
1,5 l/2½ pkt/6 szklanek bulionu z kurczaka
5 plasterków korzenia imbiru
350 g kiełków fasoli
15 ml/1 łyżka soli

Blanszuj wieprzowinę we wrzącej wodzie przez 10 minut i odcedź. Zagotuj bulion, dodaj wieprzowinę i imbir. Przykryj i gotuj przez 50 minut. Dodaj kiełki fasoli i sól i gotuj przez 20 minut.

Zupa z uchowców i grzybów

Służy 4

60 ml/4 łyżki oleju arachidowego
100 g chudej wieprzowiny pokrojonej w paski
225 g uchowca w puszce, pokrojonego w paski
100 g grzybów pokrojonych w plasterki
2 łodygi selera, pokrojone w plasterki
50 g szynki pokrojonej w paski
2 cebule, pokrojone w plasterki
1,5 l/2½ pkt/6 szklanek wody
30 ml/2 łyżki octu winnego
45 ml/3 łyżki sosu sojowego
2 plasterki korzenia imbiru, posiekane
sól i świeżo zmielony pieprz
15 ml/1 łyżka mąki kukurydzianej (skrobi kukurydzianej)
45ml/3 łyżki wody

Rozgrzać olej i smażyć wieprzowinę, uchowce, pieczarki, seler, szynkę i cebulę przez 8 minut. Dodać wodę i ocet winny, zagotować, przykryć i gotować 20 minut. Dodać sos sojowy, imbir, sól i pieprz. Mąkę kukurydzianą wymieszać z wodą na pastę, dodać do zupy i gotować, mieszając, przez 5 minut, aż zupa się rozjaśni i zgęstnieje.

Zupa z kurczaka i szparagów

Służy 4

100 g kurczaka, rozdrobnionego
2 białka jaj
2,5 ml/½ łyżeczki soli
30 ml/2 łyżki mąki kukurydzianej (skrobi kukurydzianej)
225 g szparagów, pokrojonych na 5 cm/2 kawałki
100 g kiełków fasoli
1,5 l/2½ pkt/6 szklanek bulionu z kurczaka
100 g pieczarek

Wymieszaj kurczaka z białkami, solą i mąką kukurydzianą i odstaw na 30 minut. Gotuj kurczaka we wrzącej wodzie przez około 10 minut, aż będzie ugotowany i dobrze odsączony. Szparagi blanszować we wrzącej wodzie przez 2 minuty i odcedzić. Kiełki fasoli blanszować we wrzącej wodzie przez 3 minuty i odcedzić. Bulion wlać do dużego garnka, dodać kurczaka, szparagi, grzyby i kiełki fasoli. Doprowadzić do wrzenia i doprawić do smaku solą. Gotuj przez kilka minut, aby smaki się rozwinęły i aż warzywa będą miękkie, ale nadal chrupiące.

Zupa mięsna

Służy 4

225 g mielonej wołowiny (mielonej)
15 ml/1 łyżka sosu sojowego
15 ml/1 łyżka wina ryżowego lub wytrawnego sherry
15 ml/1 łyżka mąki kukurydzianej (skrobi kukurydzianej)
1,2 l/2 pkt/5 szklanek bulionu z kurczaka
5 ml/1 łyżeczka ostrego sosu paprykowego
sól i pieprz
2 jajka, ubite
6 szczypiorków (szczypiorek), posiekanych

Mięso wymieszać z sosem sojowym, winem lub sherry i mąką kukurydzianą. Dodać do bulionu i powoli doprowadzić do wrzenia, mieszając. Dodać sos pieprzowy, doprawić do smaku solą i pieprzem, przykryć i dusić około 10 minut, od czasu do czasu mieszając. Dodaj jajka i podawaj posypane szczypiorkiem.

Chińska zupa z wołowiną i liśćmi

Służy 4

200 g chudej wołowiny pokrojonej w paski
15 ml/1 łyżka sosu sojowego
15 ml/1 łyżka oleju arachidowego
1,5 l/2½ pkt./6 szklanek bulionu wołowego
5 ml/1 łyżeczka soli
2,5 ml/½ łyżeczki cukru
½ główki liści chińskich pokrojonych na kawałki

Mięso wymieszać z sosem sojowym i olejem i pozostawić do marynowania na 30 minut, od czasu do czasu mieszając. Zagotuj bulion z solą i cukrem, dodaj liście chińskie i gotuj przez około 10 minut, aż będą prawie ugotowane. Dodać mięso i smażyć kolejne 5 minut.

Kapuśniak

Służy 4

60 ml/4 łyżki oleju arachidowego
2 cebule, posiekane
100 g chudej wieprzowiny pokrojonej w paski
225 g posiekanej kapusty pekińskiej
10 ml/2 łyżeczki cukru
1,2 l/2 pkt/5 szklanek bulionu z kurczaka
45 ml/3 łyżki sosu sojowego
sól i pieprz
15 ml/1 łyżka mąki kukurydzianej (skrobi kukurydzianej)

Rozgrzej olej i podsmaż cebulę i wieprzowinę, aż lekko się zarumienią. Dodajemy kapustę i cukier i smażymy 5 minut. Dodać bulion i sos sojowy, doprawić do smaku solą i pieprzem. Doprowadzić do wrzenia, przykryć i gotować na wolnym ogniu przez 20 minut. Mąkę kukurydzianą wymieszać z odrobiną wody, dodać do zupy i gotować, mieszając, aż zupa zgęstnieje i będzie klarowna.

Pikantna zupa wołowa

Służy 4

45 ml/3 łyżki oleju arachidowego

1 ząbek czosnku, zmiażdżony

5 ml/1 łyżeczka soli

225 g mielonej wołowiny (mielonej)

6 cebul dymki (szczypiorek), pokrojonych w paski

1 czerwona papryka, pokrojona w paski

1 zielona papryka, pokrojona w paski

225 g posiekanej kapusty

1 l/1¾ pkt/4¼ szklanki bulionu wołowego

30 ml/2 łyżki sosu śliwkowego

30 ml/2 łyżki sosu hoisin

45 ml/3 łyżki sosu sojowego

2 kawałki posiekanej łodygi imbiru

2 jajka

5 ml/1 łyżeczka oleju sezamowego

225 g jasnego makaronu, namoczonego

Rozgrzej oliwę i podsmaż czosnek i sól, aż się lekko zrumienią. Dodać mięso i szybko zrumienić. Dodaj warzywa i smaż, aż będą przezroczyste. Dodać bulion, sos śliwkowy, sos hoisin 30 ml/2 łyżki sosu sojowego i imbiru, doprowadzić do wrzenia i gotować przez 10 minut. Jajka ubić z olejem sezamowym i pozostałym sosem sojowym. Dodać do zupy z makaronem i smażyć, mieszając, aż z jajek zrobią się nitki, a makaron będzie miękki.

Niebiańska zupa

Służy 4

2 szczypiorek (szczypiorek), posiekany
1 ząbek czosnku, zmiażdżony
30 ml/2 łyżki posiekanej świeżej natki pietruszki
5 ml/1 łyżeczka soli
15 ml/1 łyżka oleju arachidowego
30 ml/2 łyżki sosu sojowego
1,5 l/2½ pkt/6 szklanek wody

Wymieszaj szczypiorek, czosnek, pietruszkę, sól, olej i sos sojowy. Zagotuj wodę, wlej mieszaninę szczypiorku i odstaw na 3 minuty.

Zupa z kurczakiem i bambusem

Służy 4

2 udka z kurczaka
30 ml/2 łyżki oleju arachidowego (orzechowego)
5 ml/1 łyżeczka wina ryżowego lub wytrawnego sherry
1,5 l/2½ pkt/6 szklanek bulionu z kurczaka
3 szczypiorek, pokrojony w plasterki
100 g pędów bambusa, pokrojonych na kawałki
5 ml/1 łyżeczka posiekanego korzenia imbiru
sól

Oczyść kurczaka z kości i pokrój mięso na kawałki. Rozgrzej olej i smaż kurczaka, aż będzie smażony ze wszystkich stron. Dodać bulion, szalotkę, pędy bambusa i imbir, doprowadzić do wrzenia i gotować około 20 minut, aż kurczak będzie miękki. Przed podaniem dopraw do smaku solą.

Zupa z kurczaka i kukurydzy

Służy 4

1 l/1¾ pkt/4¼ szklanki bulionu z kurczaka
100 g kurczaka, posiekanego
200 g kremowej słodkiej kukurydzy
plasterek szynki, posiekany
ubite jajka
15 ml/1 łyżka wina ryżowego lub wytrawnego sherry

Zagotuj bulion i kurczaka, przykryj i gotuj na wolnym ogniu przez 15 minut. Dodać kukurydzę i szynkę, przykryć i gotować przez 5 minut. Dodaj jajka i sherry, powoli mieszając pałeczkami, tak aby jajka utworzyły nitki. Zdjąć z ognia, przykryć i odstawić na 3 minuty przed podaniem.

Zupa z kurczaka i imbiru

Służy 4

4 suszone grzyby chińskie
1,5 l/2½ pkt./6 szklanek wody lub bulionu z kurczaka
225 g mięsa z kurczaka pokrojonego w kostkę
10 plasterków korzenia imbiru
5 ml/1 łyżeczka wina ryżowego lub wytrawnego sherry
sól

Grzyby namoczyć w ciepłej wodzie na 30 minut i odcedzić. Odrzuć łodygi. Zagotuj wodę lub bulion z pozostałymi składnikami i gotuj na wolnym ogniu przez około 20 minut, aż kurczak będzie ugotowany.

Zupa z kurczaka z grzybami chińskimi

Służy 4

25 g/1 uncja suszonych grzybów chińskich
100 g kurczaka, rozdrobnionego
50 g posiekanych pędów bambusa
30 ml/2 łyżki sosu sojowego
30 ml/2 łyżki wina ryżowego lub wytrawnego sherry
1,2 l/2 pkt/5 szklanek bulionu z kurczaka

Grzyby namoczyć w ciepłej wodzie na 30 minut i odcedzić. Odrzuć łodygi i odetnij wierzchołki. Blanszuj grzyby, kurczaka i pędy bambusa we wrzącej wodzie przez 30 sekund, a następnie odcedź. Umieść je w misce i wymieszaj z sosem sojowym oraz winem lub sherry. Pozostawić do marynowania na 1 godzinę. Zagotuj bulion, dodaj mieszankę z kurczaka i marynatę. Dobrze wymieszaj i smaż przez kilka minut, aż kurczak będzie ugotowany.

Zupa z kurczakiem i ryżem

Służy 4

1 l/1¾ pkt/4¼ szklanki bulionu z kurczaka
225 g/8 uncji/1 filiżanka ugotowanego ryżu długoziarnistego
100 g ugotowanego kurczaka, pokrojonego w paski
1 cebula, pokrojona w krążki
5 ml/1 łyżeczka sosu sojowego

Wszystkie składniki delikatnie podgrzej, aż będą gorące, nie pozwalając zupie się zagotować.

Zupa z kurczakiem i kokosem

Służy 4

350 g piersi z kurczaka

sól

10 ml/2 łyżeczki mąki kukurydzianej (skrobi kukurydzianej)

30 ml/2 łyżki oleju arachidowego (orzechowego)

1 zielona papryka, posiekana

1 l/1¾ pkt/4¼ szklanki mleka kokosowego

5 ml/1 łyżeczka otartej skórki z cytryny

12 liczi

szczypta startej gałki muszkatołowej

sól i świeżo zmielony pieprz

2 liście melisy

Pierś kurczaka pokroić ukośnie w poprzek włókien w paski. Posyp solą i obtocz w mące kukurydzianej. W woku rozgrzej 10 ml/2 łyżeczki oleju, zamieszaj i wlej. Powtórz jeszcze raz. Rozgrzej pozostały olej i smaż kurczaka z papryką przez 1 minutę. Dodać mleko kokosowe i doprowadzić do wrzenia. Dodaj skórkę z cytryny i gotuj przez 5 minut. Dodać liczi, doprawić gałką muszkatołową, solą i pieprzem i podawać udekorowane melisą.

Zupa z małży

Służy 4

2 suszone grzyby chińskie
12 małży, namoczonych i umytych
1,5 l/2½ pkt/6 szklanek bulionu z kurczaka
50 g posiekanych pędów bambusa
50 g groszku przekrojonego na pół
2 cebule dymki (szczypiorek), pokrojone w krążki
15 ml/1 łyżka wina ryżowego lub wytrawnego sherry
szczypta świeżo zmielonego pieprzu

Grzyby namoczyć w ciepłej wodzie na 30 minut i odcedzić. Odrzuć łodygi, a wierzchołki przekrój na pół. Gotuj małże na parze przez około 5 minut, aż się otworzą; odrzuć te, które pozostają zamknięte. Wyjmij małże z muszli. Zagotuj bulion, dodaj grzyby, pędy bambusa, mangetout i szalotkę. Gotuj bez przykrycia przez 2 minuty. Dodaj małże, wino lub sherry i pieprz i smaż, aż się rozgrzeją.

Zupa Jajeczna

Służy 4

1,2 l/2 pkt/5 szklanek bulionu z kurczaka
3 ubite jajka
45 ml/3 łyżki sosu sojowego
sól i świeżo zmielony pieprz
4 szalotki (szalotka), pokrojone w plasterki

Doprowadź bulion do wrzenia. Stopniowo dodawaj ubite jajka, tak aby rozdzieliły się na pasma. Dodać sos sojowy i doprawić do smaku solą i pieprzem. Podawać udekorowane szczypiorkiem.

Zupa z krabów i przegrzebków

Służy 4

4 suszone grzyby chińskie
15 ml/1 łyżka oleju arachidowego
1 jajko, ubite
1,5 l/2½ pkt/6 szklanek bulionu z kurczaka
175 g mięsa kraba w płatkach
100 g przegrzebków łuskanych, pokrojonych w plasterki
100 g pędów bambusa, pokrojonych w plasterki
2 szczypiorek (szczypiorek), posiekany
1 plasterek korzenia imbiru, posiekany
trochę gotowanych i obranych krewetek (opcjonalnie)
45 ml/3 łyżki mąki kukurydzianej (skrobi kukurydzianej)
90ml/6 łyżek wody
30 ml/2 łyżki wina ryżowego lub wytrawnego sherry
20 ml/4 łyżeczki sosu sojowego
2 białka jaj

Grzyby namoczyć w ciepłej wodzie na 30 minut i odcedzić. Odrzuć łodygi, a wierzch pokrój w cienkie plasterki. Rozgrzej olej, wbij jajko i przechyl patelnię tak, aby jajko przykryło dno. Gotuj aż następnie przewróć i smaż drugą stronę. Zdjąć z patelni, zwinąć i pokroić w cienkie paski.

Zagotuj bulion, dodaj grzyby, paski jajek, mięso kraba, przegrzebki, pędy bambusa, dymkę, imbir i krewetki, jeśli używasz. Doprowadź ponownie do wrzenia. Wymieszaj mąkę kukurydzianą z 60 ml/4 łyżkami wody, winem lub sherry i sosem sojowym i dodaj do zupy. Gotuj, mieszając, aż zupa zgęstnieje. Białka ubić z pozostałą wodą i powoli wlewać powstałą masę do zupy, energicznie mieszając.

Zupa krabowa

Służy 4

90 ml/6 łyżek oleju arachidowego
3 cebule, posiekane
225 g białego i brązowego mięsa kraba
1 plasterek korzenia imbiru, posiekany
1,2 l/2 pkt/5 szklanek bulionu z kurczaka
150 ml/¼ pt/kubek wina ryżowego lub wytrawnej sherry
45 ml/3 łyżki sosu sojowego
sól i świeżo zmielony pieprz

Rozgrzej olej i smaż cebulę, aż będzie miękka, ale nie złocista. Dodaj mięso kraba i imbir i smaż przez 5 minut. Dodać bulion, wino lub sherry i sos sojowy, doprawić solą i pieprzem. Doprowadzić do wrzenia, a następnie gotować przez 5 minut.

Zupa rybna

Służy 4

225 g filetów rybnych
1 plasterek korzenia imbiru, posiekany
15 ml/1 łyżka wina ryżowego lub wytrawnego sherry
30 ml/2 łyżki oleju arachidowego (orzechowego)
1,5 l/2½ pkt/6 szklanek bulionu rybnego

Rybę pokroić w cienkie paski wzdłuż włókien. Wymieszaj imbir, wino lub sherry i oliwę, dodaj rybę i delikatnie wymieszaj. Pozostawić do marynowania na 30 minut, od czasu do czasu obracając. Zagotuj bulion, dodaj rybę i gotuj powoli przez 3 minuty.

Zupa rybna i sałata

Służy 4

225 g filetów z białej ryby

30 ml/2 łyżki mąki pszennej (uniwersalnej)

sól i świeżo zmielony pieprz

90 ml/6 łyżek oleju arachidowego

6 cebulek (szalotka), pokrojonych w plasterki

100 g sałaty, posiekanej

1,2 l/2 pkt/5 szklanek wody

10 ml/2 łyżeczki drobno posiekanego korzenia imbiru

150 ml/¼ pt/obfite ½ szklanki wina ryżowego lub wytrawnego sherry

30 ml/2 łyżki mąki kukurydzianej (skrobi kukurydzianej)

30 ml/2 łyżki posiekanej świeżej natki pietruszki

10 ml/2 łyżeczki soku z cytryny

30 ml/2 łyżki sosu sojowego

Rybę pokroić w cienkie paski i obtoczyć w przyprawionej mące. Rozgrzej olej i smaż cebulę dymkę, aż będzie miękka. Dodać sałatę i smażyć 2 minuty. Dodaj rybę i gotuj przez 4 minuty. Dodaj wodę, imbir i wino lub sherry, zagotuj, przykryj i gotuj przez 5 minut. Mąkę kukurydzianą wymieszać z odrobiną wody i dodać do zupy. Gotuj, mieszając, przez kolejne 4 minuty, aż zupa będzie gotowa

oczyścić i doprawić solą i pieprzem. Podawać posypane natką pietruszki, sokiem z cytryny i sosem sojowym.

Zupa imbirowa z knedlami

Służy 4

5 cm/2 kawałki korzenia imbiru, startego
350 g brązowego cukru
1,5 l/2½ pkt/7 szklanek wody
225 g/8 uncji/2 filiżanek mąki ryżowej
2,5 ml/½ łyżeczki soli
60ml/4 łyżki wody

W rondelku umieścić imbir, cukier i wodę, podgrzać, mieszając. Przykryj i gotuj przez około 20 minut. Odcedź zupę i wlej ją z powrotem na patelnię.

W międzyczasie do miski wsyp mąkę i sól i stopniowo dodawaj taką ilość wody, aby powstało gęste ciasto. Formuj małe kulki i wrzucaj knedle do zupy. Zagotuj zupę, przykryj i gotuj przez kolejne 6 minut, aż kluski będą ugotowane.

Gorąca i kwaśna zupa

Służy 4

8 suszonych grzybów chińskich

1 l/1¾ pkt/4¼ szklanki bulionu z kurczaka

100 g kurczaka pokrojonego w paski

100 g pędów bambusa pokrojonych w paski

100 g tofu, pokrojonego w paski

15 ml/1 łyżka sosu sojowego

30 ml/2 łyżki octu winnego

30 ml/2 łyżki mąki kukurydzianej (skrobi kukurydzianej)

2 jajka, ubite

kilka kropli oleju sezamowego

Grzyby namoczyć w ciepłej wodzie na 30 minut i odcedzić. Odrzuć łodygi, a wierzch pokrój w paski. Zagotuj grzyby, bulion, kurczaka, pędy bambusa i tofu, przykryj i gotuj przez 10 minut. Sos sojowy, ocet winny i mąkę kukurydzianą wymieszaj na gładką masę, dodaj do zupy i gotuj przez 2 minuty, aż zupa będzie przezroczysta. Powoli dodawaj jajka i olej sezamowy, mieszając pałeczką. Przykryj i odstaw na 2 minuty przed podaniem.

Zupa grzybowa

Służy 4

15 suszonych grzybów chińskich
1,5 l/2½ pkt/6 szklanek bulionu z kurczaka
5 ml/1 łyżeczka soli

Grzyby namoczyć w ciepłej wodzie na 30 minut, odcedzić, zachowując płyn. Odrzuć łodygi, przekrój wierzchołki na pół, jeśli są duże, i umieść je w dużej żaroodpornej misce. Miskę postaw na ruszcie w naczyniu do gotowania na parze. Bulion zagotować, zalać grzybami, przykryć i gotować na parze przez 1 godzinę we wrzącej wodzie. Dopraw do smaku solą i podawaj.

Zupa grzybowo-kapuściana

Służy 4

25 g/1 uncja suszonych grzybów chińskich
15 ml/1 łyżka oleju arachidowego
50 g posiekanych liści chińskich
15 ml/1 łyżka wina ryżowego lub wytrawnego sherry
15 ml/1 łyżka sosu sojowego
1,2 l/2 pkt./5 szklanek bulionu drobiowego lub warzywnego
sól i świeżo zmielony pieprz
5 ml/1 łyżeczka oleju sezamowego

Grzyby namoczyć w ciepłej wodzie na 30 minut i odcedzić. Odrzuć łodygi i odetnij wierzchołki. Rozgrzej olej i smaż grzyby i liście chińskie przez 2 minuty, aż będą dobrze pokryte. Dodać wino lub sherry oraz sos sojowy i zalać bulionem. Doprowadzić do wrzenia, doprawić do smaku solą i pieprzem i gotować przez 5 minut. Przed podaniem posypać olejem sezamowym.

Zupa Grzybowo-Jajeczna

Służy 4

1 l/1¾ pkt/4¼ szklanki bulionu z kurczaka
30 ml/2 łyżki mąki kukurydzianej (skrobi kukurydzianej)
100 g grzybów pokrojonych w plasterki
1 pokrojona w plasterki cebula, drobno posiekana
szczypta soli
3 krople oleju sezamowego
2,5 ml/½ łyżeczki sosu sojowego
1 jajko, ubite

Wymieszaj odrobinę bulionu z mąką kukurydzianą, następnie dodaj wszystkie składniki oprócz jajka. Doprowadź do wrzenia, przykryj i gotuj przez 5 minut. Dodać jajko, wymieszać pałką tak, aby z jajka utworzyły się nitki. Zdjąć z ognia i odstawić na 2 minuty przed podaniem.

Zupa grzybowo-kasztanowa

Służy 4

1 l/1¾ pkt./4¼ szklanki bulionu warzywnego lub wody
2 cebule, drobno posiekane
5 ml/1 łyżeczka wina ryżowego lub wytrawnego sherry
30 ml/2 łyżki sosu sojowego
225 g pieczarek
100 g kasztanów wodnych, pokrojonych w plasterki
100 g pędów bambusa, pokrojonych w plasterki
kilka kropli oleju sezamowego
2 liście sałaty, pokrojone na kawałki
2 cebule dymki (szczypiorek), pokrojone na kawałki

Wodę, cebulę, wino lub sherry i sos sojowy zagotować, przykryć i gotować na wolnym ogniu przez 10 minut. Dodać grzyby, kasztany wodne i pędy bambusa, przykryć i gotować przez 5 minut. Dodać olej sezamowy, liście sałaty i szczypiorek, zdjąć z ognia, przykryć i odstawić na 1 minutę przed podaniem.

Zupa wieprzowo-grzybowa

Służy 4

60 ml/4 łyżki oleju arachidowego
1 ząbek czosnku, zmiażdżony
2 cebule, pokrojone w plasterki
225 g chudej wieprzowiny pokrojonej w paski
1 łodyga selera, posiekana
50 g grzybów pokrojonych w plasterki
2 marchewki, pokrojone w plasterki
1,2 l/2 pkt./5 szklanek bulionu wołowego
15 ml/1 łyżka sosu sojowego
sól i świeżo zmielony pieprz
15 ml/1 łyżka mąki kukurydzianej (skrobi kukurydzianej)

Rozgrzej oliwę z oliwek i podsmaż czosnek, cebulę i wieprzowinę, aż cebula będzie miękka i lekko rumiana. Dodać seler, pieczarki i marchewkę, przykryć i dusić powoli przez 10 minut. Bulion zagotować, dodać do garnka z sosem sojowym i doprawić do smaku solą i pieprzem. Mąkę kukurydzianą mieszamy z odrobiną wody, następnie wsypujemy na patelnię i smażymy, mieszając, przez około 5 minut.

Zupa Wieprzowa I Rukiew Wodna

Służy 4

1,5 l/2½ pkt/6 szklanek bulionu z kurczaka
100 g chudej wieprzowiny pokrojonej w paski
3 łodygi selera pokrojone ukośnie
2 szalotki (szalotka), pokrojone w plasterki
1 pęczek rzeżuchy
5 ml/1 łyżeczka soli

Zagotuj bulion, dodaj wieprzowinę i seler, przykryj i gotuj na wolnym ogniu przez 15 minut. Dodaj dymkę, rzeżuchę i sól i gotuj bez przykrycia przez około 4 minuty.

Zupa wieprzowo-ogórkowa

Służy 4

100 g chudej wieprzowiny, pokrojonej w cienkie plasterki
5 ml/1 łyżeczka mąki kukurydzianej (skrobi kukurydzianej)
15 ml/1 łyżka sosu sojowego
15 ml/1 łyżka wina ryżowego lub wytrawnego sherry
1 ogórek
1,5 l/2½ pkt/6 szklanek bulionu z kurczaka
5 ml/1 łyżeczka soli

Wymieszaj wieprzowinę, mąkę kukurydzianą, sos sojowy i wino lub sherry. Wymieszaj, aby pokryć wieprzowinę. Ogórka obierz, przekrój wzdłuż na pół i usuń nasiona. Pokrój grubo. Zagotuj bulion, dodaj wieprzowinę, przykryj i gotuj na wolnym ogniu przez 10 minut. Dodaj ogórek i smaż przez kilka minut, aż będzie przezroczysty. Dostosuj sól i dodaj trochę więcej sosu sojowego, jeśli chcesz.

Zupa Z Klopsami Wieprzowymi I Makaronem

Służy 4

50 g makaronu ryżowego

225 g mielonej wieprzowiny (mielonej)

5 ml/1 łyżeczka mąki kukurydzianej (skrobi kukurydzianej)

2,5 ml/½ łyżeczki soli

30ml/2 łyżki wody

1,5 l/2½ pkt/6 szklanek bulionu z kurczaka

1 szczypiorek (szczypiorek), drobno posiekany

5 ml/1 łyżeczka sosu sojowego

Włóż makaron do zimnej wody, aby namoczył się na czas przygotowania klopsików. Wymieszaj wieprzowinę, mąkę kukurydzianą, odrobinę soli i wody i uformuj kulki wielkości orzecha włoskiego. W garnku zagotuj wodę, włóż kluski wieprzowe, przykryj i gotuj przez 5 minut. Dobrze odcedź i odcedź makaron. Zagotuj bulion, dodaj kulki wieprzowe i makaron, przykryj i gotuj przez 5 minut. Dodaj szalotkę, sos sojowy i pozostałą sól i gotuj przez kolejne 2 minuty.

Zupa szpinakowa i tofu

Służy 4

1,2 l/2 pkt/5 szklanek bulionu z kurczaka
200 g pomidorów z puszki, odsączonych i posiekanych
225 g tofu pokrojonego w kostkę
225 g szpinaku, posiekanego
30 ml/2 łyżki sosu sojowego
5 ml/1 łyżeczka brązowego cukru
sól i świeżo zmielony pieprz

Zagotuj bulion, dodaj pomidory, tofu i szpinak i delikatnie wymieszaj. Wróć do ognia i gotuj przez 5 minut. Dodać sos sojowy i cukier, doprawić do smaku solą i pieprzem. Gotuj przez 1 minutę przed podaniem.

Zupa z kukurydzy i krabów

Służy 4

1,2 l/2 pkt/5 szklanek bulionu z kurczaka
200 g słodkiej kukurydzy
sól i świeżo zmielony pieprz
1 jajko, ubite
200 g mięsa kraba w płatkach
3 szalotki, posiekane

Zagotuj bulion, dodaj kukurydzę przyprawioną solą i pieprzem. Smaż przez 5 minut. Tuż przed podaniem wbij jajka na widelec i wymieszaj z zupą. Podawać posypane mięsem kraba i posiekaną szalotką.

Zupa syczuańska

Służy 4

4 suszone grzyby chińskie
1,5 l/2½ pkt/6 szklanek bulionu z kurczaka
75 ml/5 łyżek białego wytrawnego wina
15 ml/1 łyżka sosu sojowego
2,5 ml/½ łyżeczki ostrego sosu
30 ml/2 łyżki mąki kukurydzianej (skrobi kukurydzianej)
60ml/4 łyżki wody
100 g chudej wieprzowiny pokrojonej w paski
50 g gotowanej szynki, pokrojonej w paski
1 czerwona papryka, pokrojona w paski
50 g kasztanów wodnych, pokrojonych w plasterki
10 ml/2 łyżeczki octu winnego
5 ml/1 łyżeczka oleju sezamowego
1 jajko, ubite
100 g obranych krewetek
6 szczypiorków (szczypiorek), posiekanych
175 g tofu pokrojonego w kostkę

Grzyby namoczyć w ciepłej wodzie na 30 minut i odcedzić. Odrzuć łodygi i odetnij wierzchołki. Przynieś bulion, wino i soję sosem i sosem chili do wrzenia, przykryć i gotować przez 5 minut. Mąkę kukurydzianą wymieszać z połową wody i wlać do zupy, mieszając, aż zupa zgęstnieje. Dodać grzyby, wieprzowinę, szynkę, paprykę i kasztany wodne i smażyć przez 5 minut. Dodaj ocet winny i olej sezamowy. Jajko ubić z pozostałą wodą i dodać do zupy, energicznie mieszając. Dodaj krewetki, dymkę i tofu i smaż przez kilka minut, aż się podgrzeją.

Zupa Tofu

Służy 4

1,5 l/2½ pkt/6 szklanek bulionu z kurczaka
225 g tofu pokrojonego w kostkę
5 ml/1 łyżeczka soli
5 ml/1 łyżeczka sosu sojowego

Zagotuj bulion, dodaj tofu, sól i sos sojowy. Gotuj przez kilka minut, aż tofu się rozgrzeje.

Zupa Tofu i Ryba

Służy 4

225 g filetu z białej ryby, pokrojonego w paski
150 ml/¼ pt/obfite ½ szklanki wina ryżowego lub wytrawnego sherry
10 ml/2 łyżeczki drobno posiekanego korzenia imbiru
45 ml/3 łyżki sosu sojowego
2,5 ml/½ łyżeczki soli
60 ml/4 łyżki oleju arachidowego
2 cebule, posiekane
100 g grzybów pokrojonych w plasterki
1,2 l/2 pkt/5 szklanek bulionu z kurczaka
100 g tofu pokrojonego w kostkę
sól i świeżo zmielony pieprz

Rybę włóż do miski. Wymieszaj wino lub sherry, imbir, sos sojowy i sól i polej rybę. Pozwól mu marynować przez 30 minut. Rozgrzej olej i smaż cebulę przez 2 minuty. Dodaj grzyby i kontynuuj smażenie, aż cebula będzie miękka, ale nie rumiana. Dodać rybę i marynatę, zagotować, przykryć i gotować 5 minut. Dodać bulion, doprowadzić do wrzenia, przykryć i gotować na wolnym ogniu przez 15 minut. Dodać tofu i doprawić do smaku solą i pieprzem. Gotuj, aż tofu będzie ugotowane.

Zupa pomidorowa

Służy 4

400 g pomidorów z puszki, odsączonych i posiekanych
1,2 l/2 pkt/5 szklanek bulionu z kurczaka
1 plasterek korzenia imbiru, posiekany
15 ml/1 łyżka sosu sojowego
15 ml/1 łyżka sosu chili
10 ml/2 łyżeczki cukru

Wszystkie składniki umieścić na patelni i powoli podgrzewać, od czasu do czasu mieszając. Gotuj przez około 10 minut przed podaniem.

Zupa pomidorowo-szpinakowa

Służy 4

1,2 l/2 pkt/5 szklanek bulionu z kurczaka
225 g posiekanych pomidorów z puszki
225 g tofu pokrojonego w kostkę
225 g szpinaku
30 ml/2 łyżki sosu sojowego
sól i świeżo zmielony pieprz
2,5 ml/½ łyżeczki cukru
2,5 ml/½ łyżeczki wina ryżowego lub wytrawnego sherry

Zagotuj bulion, następnie dodaj pomidory, tofu i szpinak i gotuj przez 2 minuty. Dodaj pozostałe składniki i smaż przez 2 minuty, dobrze wymieszaj i podawaj.

Zupa Rzepa

Służy 4

1 l/1¾ pkt/4¼ szklanki bulionu z kurczaka
1 duża rzepa, pokrojona w cienkie plasterki
200 g chudej wieprzowiny pokrojonej w cienkie plasterki
15 ml/1 łyżka sosu sojowego
60 ml/4 łyżki brandy
sól i świeżo zmielony pieprz
4 szalotki, drobno posiekane

Zagotuj bulion, dodaj rzepę i wieprzowinę, przykryj i gotuj na wolnym ogniu przez 20 minut, aż rzepa będzie miękka, a mięso ugotowane. Dodaj sos sojowy i brandy do smaku. Gotuj, aż będzie gorąca, posypana szalotką.

Zupa warzywna

Służy 4

6 suszonych grzybów chińskich
1 l/1¾ pkt./4¼ szklanki bulionu warzywnego
50 g pędów bambusa pokrojonych w paski
50 g kasztanów wodnych, pokrojonych w plasterki
8 mangetoutów (groszek śnieżny), pokrojonych w plasterki
5 ml/1 łyżeczka sosu sojowego

Grzyby namoczyć w ciepłej wodzie na 30 minut i odcedzić. Odrzuć łodygi, a wierzch pokrój w paski. Dodaj je do bulionu z pędami bambusa i kasztanami wodnymi, zagotuj, przykryj i gotuj przez 10 minut. Dodaj mangetout i sos sojowy, przykryj i gotuj przez 2 minuty. Przed podaniem odstaw na 2 minuty.

Zupa Wegetariańska

Służy 4

¼ białej kapusty
2 marchewki
3 łodygi selera
2 cebule dymki (szczypiorek)
30 ml/2 łyżki oleju arachidowego (orzechowego)
1,5 l/2½ pkt/6 szklanek wody
15 ml/1 łyżka sosu sojowego
15 ml/1 łyżka wina ryżowego lub wytrawnego sherry
5 ml/1 łyżeczka soli
świeżo zmielony pieprz

Warzywa pokroić w paski. Rozgrzej olej i smaż warzywa przez 2 minuty, aż zaczną mięknąć. Dodać pozostałe składniki, doprowadzić do wrzenia, przykryć i gotować 15 minut.

Zupa z rukwii wodnej

Służy 4

1 l/1¾ pkt/4¼ szklanki bulionu z kurczaka
1 cebula, drobno posiekana
1 łodyga selera, drobno posiekana
225 g rzeżuchy wodnej, grubo posiekanej
sól i świeżo zmielony pieprz

Bulion, cebulę i seler zagotować, przykryć i gotować na wolnym ogniu przez 15 minut. Dodaj rzeżuchę, przykryj i gotuj przez 5 minut. Doprawić solą i pieprzem.

Smażona ryba z warzywami

Służy 4

4 suszone grzyby chińskie
4 całe ryby, oczyszczone i ołuskowane
olej do smażenia
30 ml/2 łyżki mąki kukurydzianej (skrobi kukurydzianej)
45 ml/3 łyżki oleju arachidowego
100 g pędów bambusa pokrojonych w paski
50 g kasztanów wodnych, pokrojonych w paski
50 g posiekanej kapusty pekińskiej
2 plasterki korzenia imbiru, posiekane
30 ml/2 łyżki wina ryżowego lub wytrawnego sherry
30ml/2 łyżki wody
15 ml/1 łyżka sosu sojowego
5 ml/1 łyżeczka cukru
120 ml/4 uncji/szklanka bulionu rybnego
sól i świeżo zmielony pieprz
¬Ω główka sałaty, posiekana
15 ml/1 łyżka posiekanej natki pietruszki

Grzyby namoczyć w ciepłej wodzie na 30 minut i odcedzić. Odrzuć łodygi i odetnij wierzchołki. Posyp rybę na pół mąki kukurydzianej i strząśnij jej nadmiar. Rozgrzej olej i smaż rybę przez około 12 minut, aż będzie ugotowana. Odsączyć na papierze kuchennym i trzymać w cieple.

Rozgrzać oliwę i smażyć grzyby, pędy bambusa, kasztany wodne i kapustę przez 3 minuty. Dodać imbir, wino lub sherry, 15 ml/1 łyżkę wody, sos sojowy i cukier, dusić przez 1 minutę. Dodać bulion, sól i pieprz, doprowadzić do wrzenia, przykryć i gotować 3 minuty. Mąkę kukurydzianą wymieszać z pozostałą wodą, wlać na patelnię i smażyć, mieszając, aż sos zgęstnieje. Ułóż sałatę na talerzu i połóż na niej rybę. Polać warzywami i sosem i podawać udekorowane natką pietruszki.

Pieczona Cała Ryba

Porcja dla 4–6

1 duży okoń morski lub podobna ryba
45 ml/3 łyżki mąki kukurydzianej (skrobi kukurydzianej)
45 ml/3 łyżki oleju arachidowego
1 posiekana cebula
2 ząbki czosnku, zmiażdżone
50 g szynki pokrojonej w paski
100 g obranych krewetek
15 ml/1 łyżka sosu sojowego
15 ml/1 łyżka wina ryżowego lub wytrawnego sherry
5 ml/1 łyżeczka cukru
5 ml/1 łyżeczka soli

Posyp rybę mąką kukurydzianą. Rozgrzej oliwę i podsmaż cebulę i czosnek, aż lekko się zarumienią. Dodaj rybę i smaż z obu stron na złoty kolor. Przenieś rybę na arkusz folii aluminiowej w naczyniu do pieczenia i posyp szynką i krewetkami. Dodaj sos sojowy, wino lub sherry, cukier i sól na patelnię i dobrze wymieszaj. Polać rybę, zamknąć folię i piec w nagrzanym piekarniku w temperaturze 150-∞C/300-∞F/gaz, stopień 2, przez 20 minut.

Duszona ryba sojowa

Służy 4

1 duży okoń morski lub podobna ryba
sól
50 g/2 uncji/¬Ω szklanki mąki zwykłej (uniwersalnej)
60 ml/4 łyżki oleju arachidowego
3 plasterki korzenia imbiru, posiekane
3 szczypiorek (szczypiorek), posiekany
250 ml/8 uncji/1 szklanka wody
45 ml/3 łyżki sosu sojowego
15 ml/1 łyżka wina ryżowego lub wytrawnego sherry
2,5 ml/¬Ω łyżeczki cukru

Oczyść rybę, obierz ją i natnij po przekątnej po obu stronach. Posypać solą i odstawić na 10 minut. Rozgrzej olej i smaż rybę na złoty kolor z obu stron, obracając raz i polewając olejem podczas smażenia. Dodać imbir, szczypiorek, wodę, sos sojowy, wino lub sherry i cukier, doprowadzić do wrzenia, przykryć i gotować na wolnym ogniu przez 20 minut, aż ryba będzie ugotowana. Podawać na gorąco lub na zimno.

Ryba sojowa z sosem ostrygowym

Służy 4

1 duży okoń morski lub podobna ryba
sól
60 ml/4 łyżki oleju arachidowego
3 szczypiorek (szczypiorek), posiekany
2 plasterki korzenia imbiru, posiekane
1 ząbek czosnku, zmiażdżony
45 ml/3 łyżki sosu ostrygowego
30 ml/2 łyżki sosu sojowego
5 ml/1 łyżeczka cukru
250 ml/8 uncji uncji/1 szklanka bulionu rybnego

Oczyść rybę, obierz ją i natnij kilka razy po przekątnej z każdej strony. Posypać solą i odstawić na 10 minut. Rozgrzej większość oleju i smaż rybę na złoty kolor z obu stron, raz przewracając. W międzyczasie na osobnej patelni rozgrzej pozostały olej i podsmaż dymkę, imbir i czosnek, aż się lekko zrumienią. Dodać sos ostrygowy, sos sojowy i cukier i smażyć przez 1 minutę. Dodać bulion i doprowadzić do wrzenia. Wlać mieszaninę do złotej rybki, ponownie zagotować, przykryć i gotować przez ok.

15 minut, aż ryba będzie ugotowana, obracając raz lub dwa razy w trakcie gotowania.

Gotowany okoń morski

Służy 4

1 duży okoń morski lub podobna ryba
2,25 l/4 pkt/10 szklanek wody
3 plasterki korzenia imbiru, posiekane
15 ml/1 łyżka soli
15 ml/1 łyżka wina ryżowego lub wytrawnego sherry
30 ml/2 łyżki oleju arachidowego (orzechowego)

Oczyść rybę, obierz ją i natnij kilka razy obie strony po przekątnej. W dużym garnku zagotuj wodę i dodaj pozostałe składniki. Włóż rybę do wody, szczelnie przykryj, wyłącz ogień i odstaw na 30 minut, aż ryba będzie ugotowana.

Pieczona Ryba Z Pieczarkami

Służy 4

4 suszone grzyby chińskie
1 duży karp lub podobna ryba
sól
45 ml/3 łyżki oleju arachidowego
2 szczypiorek (szczypiorek), posiekany
1 plasterek korzenia imbiru, posiekany
3 ząbki czosnku, zmiażdżone
100 g pędów bambusa pokrojonych w paski
250 ml/8 uncji uncji/1 szklanka bulionu rybnego
30 ml/2 łyżki sosu sojowego
15 ml/1 łyżka wina ryżowego lub wytrawnego sherry
2,5 ml/¬Ω łyżeczki cukru

Grzyby namoczyć w ciepłej wodzie na 30 minut i odcedzić. Odrzuć łodygi i odetnij wierzchołki. Rybę nacinamy kilka razy po przekątnej z obu stron, posypujemy solą i odstawiamy na 10 minut. Rozgrzej olej i smaż rybę z obu stron, aż lekko się zarumieni. Dodać dymkę, imbir i czosnek i smażyć przez 2 minuty. Dodać pozostałe składniki, doprowadzić do wrzenia, przykryć i gotować przez 15 minut, aż ryba będzie ugotowana, raz lub dwa razy obracając i od czasu do czasu mieszając.

Słodko kwaśna ryba

Służy 4

1 duży okoń morski lub podobna ryba
1 jajko, ubite
50 g mąki kukurydzianej (skrobi kukurydzianej)
olej do smażenia

Na sos:

15 ml/1 łyżka oleju arachidowego
1 zielona papryka, pokrojona w paski
100 g kawałków ananasa w syropie
1 cebula, pokrojona w krążki
100 g/4 uncji/¬Ω szklanki brązowego cukru
60 ml/4 łyżki bulionu z kurczaka
60 ml/4 łyżki octu winnego
15 ml/1 łyżka przecieru pomidorowego (pasta)
15 ml/1 łyżka mąki kukurydzianej (skrobi kukurydzianej)
15 ml/1 łyżka sosu sojowego
3 szczypiorek (szczypiorek), posiekany

Oczyść rybę, usuń płetwy i głowę, jeśli wolisz. Zanurzamy go w roztrzepanym jajku, a następnie w mące kukurydzianej. Rozgrzej olej i smaż rybę na złoty kolor. Dobrze odcedź i trzymaj w cieple.

Aby przygotować sos, rozgrzej oliwę i smaż paprykę, odsączonego ananasa i cebulę przez 4 minuty. Dodać 30 ml/2 łyżki syropu ananasowego, cukier, bulion, ocet winny, przecier pomidorowy, skrobię kukurydzianą i sos sojowy, zagotować, mieszając. Gotuj, mieszając, aż sos rozjaśni się i zgęstnieje. Polej rybę i podawaj posypaną szczypiorkiem.

Ryba faszerowana wieprzowiną

Służy 4

1 duży karp lub podobna ryba
sól
100 g mielonej wieprzowiny (mielonej)
1 szczypiorek (szczypiorek), posiekany
4 plasterki korzenia imbiru, posiekane
15 ml/1 łyżka mąki kukurydzianej (skrobi kukurydzianej)
60 ml/4 łyżki sosu sojowego
15 ml/1 łyżka wina ryżowego lub wytrawnego sherry
5 ml/1 łyżeczka cukru
75 ml/5 łyżek oleju arachidowego
2 ząbki czosnku, zmiażdżone
1 cebula, pokrojona w plasterki
300 ml/¬Ω pt./1-ta szklanka wody

Rybę oczyścić, obrać i posypać solą. Wymieszaj wieprzowinę, szczypiorek, odrobinę imbiru, mąkę kukurydzianą, 15 ml/1 łyżeczka. sosu sojowego, wina lub sherry i cukru i wypełnić nim rybę. Rozgrzać olej i smażyć rybę z obu stron do lekkiego zarumienienia, zdjąć ją z patelni i odsączyć większość oleju. Dodać resztę czosnku i imbiru i smażyć do lekkiego zrumienienia. Dodać pozostały sos sojowy i wodę, doprowadzić do wrzenia i gotować przez 2 minuty. Włóż rybę z powrotem na patelnię, przykryj i gotuj przez około 30 minut, aż ryba będzie ugotowana, obracając raz lub dwa razy.

Sezonowany Pieczony Karp

Służy 4

1 duży karp lub podobna ryba

150 ml/¬° pt/obfite ¬Ω szklanki oleju arachidowego

15ml/1 łyżka cukru

2 ząbki czosnku, drobno posiekane

100 g pędów bambusa, pokrojonych w plasterki

150 ml/¬° pt/obfity ¬Ω kubek bulionu rybnego

15 ml/1 łyżka wina ryżowego lub wytrawnego sherry

15 ml/1 łyżka sosu sojowego

2 szczypiorek (szczypiorek), posiekany

1 plasterek korzenia imbiru, posiekany

15 ml/1 łyżka soli octu winnego

Rybę oczyść, obierz i namocz na kilka godzin w zimnej wodzie. Odcedzić i osuszyć, a następnie naciąć kilka razy każdą stronę. Rozgrzej olej i smaż rybę z obu stron, aż będzie twarda. Zdjąć z patelni, odlać i odstawić wszystko oprócz 30 ml/2 łyżki oleju. Dodaj cukier na patelnię i mieszaj, aż masa będzie ciemna. Dodaj czosnek i pędy bambusa i dobrze wymieszaj. Dodaj pozostałe składniki, zagotuj, włóż rybę z powrotem na patelnię, przykryj i gotuj na wolnym ogniu przez około 15 minut, aż ryba będzie ugotowana.

Połóż rybę na ciepłym talerzu i polej sosem.

Karp słodko-kwaśny

Służy 4

1 duży karp lub podobna ryba
300 g/11 uncji/szklanka mąki kukurydzianej (skrobi kukurydzianej)
250 ml/8 uncji/1 szklanka oleju roślinnego
30 ml/2 łyżki sosu sojowego
5 ml/1 łyżeczka soli
150 g/5 uncji/¬Ω szklanki czubatego cukru
75 ml/5 łyżek octu winnego
15 ml/1 łyżka wina ryżowego lub wytrawnego sherry
3 szalotki (szczypiorek), drobno posiekane
1 plasterek korzenia imbiru, drobno posiekany
250 ml/8 uncji uncji/1 szklanka wrzącej wody

Rybę oczyść, obierz i namocz na kilka godzin w zimnej wodzie. Odcedzić i osuszyć, a następnie naciąć kilka razy każdą stronę. Odłóż 30 ml/2 łyżki mąki kukurydzianej i stopniowo dodawaj taką ilość wody do pozostałej mąki kukurydzianej, aby powstało sztywne ciasto. Obtocz rybę w cieście. Rozgrzej olej, aż będzie bardzo gorący i smaż rybę, aż będzie chrupiąca na zewnątrz, następnie zmniejsz ogień i kontynuuj smażenie, aż ryba będzie miękka. W międzyczasie wymieszaj pozostałą mąkę kukurydzianą, sos sojowy, sól, cukier, ocet winny, wino lub sherry, szczypiorek i imbir. Gdy ryba będzie już ugotowana, przełóż ją na gorący talerz. Dodaj mieszaninę sosu i wodę do oleju i podgrzej, dobrze mieszając, aż sos zgęstnieje. Polej rybę i natychmiast podawaj.

Pikantna Pieczona Wieprzowina

Służy 4

450 g/1 funt wieprzowiny pokrojonej w kostkę

sól i pieprz

30 ml/2 łyżki sosu sojowego

30 ml/2 łyżki sosu hoisin

45 ml/3 łyżki oleju arachidowego

120 ml/4 uncji/½ szklanki wina ryżowego lub wytrawnego sherry

300 ml/½ porcji/1 ¼ szklanki bulionu z kurczaka

5 ml/1 łyżeczka proszku pięciu smaków

6 szczypiorków (szczypiorek), posiekanych

225 g boczniaków pokrojonych w plasterki

15 ml/1 łyżka mąki kukurydzianej (skrobi kukurydzianej)

Mięso doprawiamy solą i pieprzem. Połóż na talerzu i wymieszaj z sosem sojowym i sosem hoisin. Przykryj i pozostaw do marynowania na 1 godzinę. Rozgrzej olej i smaż mięso na złoty kolor. Dodać wino lub sherry, bulion i proszek pięciu przypraw, doprowadzić do wrzenia, przykryć i gotować na wolnym ogniu przez 1 godzinę. Dodać szczypiorek i grzyby, zdjąć pokrywkę i smażyć kolejne 4 minuty. Mąkę kukurydzianą wymieszać z odrobiną wody, ponownie postawić na ogniu i gotować, mieszając, przez 3 minuty, aż sos zgęstnieje.

Bułeczki wieprzowe na parze

Minęło 12

30 ml/2 łyżki sosu hoisin
15 ml/1 łyżka sosu ostrygowego
15 ml/1 łyżka sosu sojowego
2,5 ml/½ łyżeczki oleju sezamowego
30 ml/2 łyżki oleju arachidowego (orzechowego)
10 ml/2 łyżeczki startego korzenia imbiru
1 ząbek czosnku, zmiażdżony
300 ml/½ pt./1 ¼ szklanki wody
15 ml/1 łyżka mąki kukurydzianej (skrobi kukurydzianej)
225 g gotowanej wieprzowiny, drobno posiekanej
4 szalotki (szczypiorek), drobno posiekane
350 g/12 uncji/3 filiżanek mąki zwykłej (uniwersalnej)
15ml/1 łyżka proszku do pieczenia
2,5 ml/½ łyżeczki soli
50 g smalcu
5 ml/1 łyżeczka octu winnego
Kwadraty z papieru do pieczenia o wymiarach 12 x 13 cm

Wymieszaj sos hoisin, ostrygowy i sojowy oraz olej sezamowy. Rozgrzej oliwę i podsmaż imbir i czosnek, aż lekko się zarumienią. Dodaj mieszaninę sosów i smaż przez 2 minuty.

Zmieszaj 120 ml/4 uncji/½ szklanki wody z mąką kukurydzianą i wmieszaj na patelnię. Doprowadzić do wrzenia, mieszając, a następnie gotować, aż mieszanina zgęstnieje. Dodać wieprzowinę i cebulę i ostudzić.

Wymieszaj mąkę, drożdże i sól. Ucieraj ze smalcem, aż mieszanina będzie przypominać drobną bułkę tartą. Wymieszaj ocet winny i pozostałą wodę, a następnie wymieszaj to z mąką, aby uzyskać zwarte ciasto. Lekko zagniatamy na posypanym mąką blacie, przykrywamy i odstawiamy na 20 minut.

Ciasto ponownie zagnieść, podzielić na 12 części i z każdej uformować kulę. Na posypanej mąką powierzchni rozwałkować na grubość 15 cm/6 kółek. Na środek każdego koła nakładać łyżką farsz, brzegi posmarować wodą i zacisnąć brzegi tak, aby nadzienie było szczelne. Posmaruj olejem jedną stronę każdego kwadratu pergaminowego. Każdy bochenek ułóż na kwadracie papieru, łączeniem do dołu. Bułeczki ułożyć w jednej warstwie na stojaku do gotowania na parze nad wrzącą wodą. Przykryj i gotuj na parze bułki przez około 20 minut, aż będą ugotowane.

Wieprzowina z kapustą

Służy 4

6 suszonych grzybów chińskich
30 ml/2 łyżki oleju arachidowego (orzechowego)
450 g/1 funt wieprzowiny, pokrojonej w paski
2 cebule, pokrojone w plasterki
2 czerwone papryki, pokrojone w paski
350 g posiekanej białej kapusty
2 ząbki czosnku, posiekane
2 kawałki posiekanej łodygi imbiru
30 ml/2 łyżki miodu
45 ml/3 łyżki sosu sojowego
120 ml/4 uncji/½ szklanki wytrawnego białego wina
sól i pieprz
10 ml/2 łyżeczki mąki kukurydzianej (skrobi kukurydzianej)
15ml/1 łyżka wody

Grzyby namoczyć w ciepłej wodzie na 30 minut i odcedzić. Odrzuć łodygi i odetnij wierzchołki. Rozgrzej olej i smaż wieprzowinę, aż będzie lekko rumiana. Dodaj warzywa, czosnek i imbir i smaż przez 1 minutę. Dodać miód, sos sojowy i wino, doprowadzić do wrzenia, przykryć i gotować na wolnym ogniu przez 40 minut, aż mięso będzie ugotowane. Doprawić solą i pieprzem. Wymieszaj mąkę kukurydzianą z wodą i wlej na patelnię. Doprowadzić do wrzenia, ciągle mieszając, następnie gotować przez 1 minutę.

Wieprzowina z kapustą i pomidorami

Służy 4

30 ml/2 łyżki oleju arachidowego (orzechowego)
450 g chudej wieprzowiny pokrojonej w paski
sól i świeżo zmielony pieprz
1 ząbek czosnku, zmiażdżony
1 cebula, drobno posiekana
½ kapusty, posiekanej
450 g/1 funt pomidorów, obranych ze skóry i pokrojonych na ćwiartki
250 ml/8 uncji uncji/1 szklanka bulionu
30 ml/2 łyżki mąki kukurydzianej (skrobi kukurydzianej)
15 ml/1 łyżka sosu sojowego
60ml/4 łyżki wody

Rozgrzej olej i podsmaż wieprzowinę, sól, pieprz, czosnek i cebulę, aż się lekko zrumienią. Dodać kapustę, pomidory i bulion, doprowadzić do wrzenia, przykryć i dusić przez 10 minut, aż kapusta będzie miękka. Mąkę kukurydzianą, sos sojowy i wodę wymieszać na pastę, wlać na patelnię i smażyć, mieszając, aż sos będzie klarowny i gęsty.

Marynowana wieprzowina z kapustą

Służy 4

350 g boczku wieprzowego

2 szczypiorek (szczypiorek), posiekany

1 plasterek korzenia imbiru, posiekany

1 laska cynamonu

3 ząbki anyżu gwiazdkowatego

45 ml/3 łyżki brązowego cukru

600 ml/1 pkt./2½ szklanki wody

15 ml/1 łyżka oleju arachidowego

15 ml/1 łyżka sosu sojowego

5 ml/1 łyżeczka przecieru pomidorowego (pasty)

5 ml/1 łyżeczka sosu ostrygowego

100 g Serca z kapusty pekińskiej

100 g pak choi

Wieprzowinę pokroić na 10 cm/4 kawałki i włożyć do miski. Dodać szczypiorek, imbir, cynamon, anyż gwiazdkowaty, cukier i wodę i odstawić na 40 minut. Rozgrzać olej, wyjąć wieprzowinę z marynaty i dodać ją na patelnię. Smażymy do lekkiego zrumienienia, następnie dodajemy sos sojowy, przecier pomidorowy i sos ostrygowy. Doprowadzić do wrzenia i gotować około 30 minut, aż wieprzowina będzie miękka, a płyn się zredukuje, w razie potrzeby dodając w trakcie gotowania trochę więcej wody.

W międzyczasie ugotuj serca kapusty i pak choi we wrzącej wodzie przez około 10 minut, aż będą miękkie. Ułóż je na ciepłym talerzu, połóż na nim wieprzowinę i polej sosem.

Wieprzowina z selerem

Służy 4

45 ml/3 łyżki oleju arachidowego
1 ząbek czosnku, zmiażdżony
1 szczypiorek (szczypiorek), posiekany
1 plasterek korzenia imbiru, posiekany
225 g chudej wieprzowiny pokrojonej w paski
100 g selera, pokrojonego w cienkie plasterki
45 ml/3 łyżki sosu sojowego
15 ml/1 łyżka wina ryżowego lub wytrawnego sherry
5 ml/1 łyżeczka mąki kukurydzianej (skrobi kukurydzianej)

Rozgrzej oliwę i podsmaż czosnek, cebulę dymkę i imbir, aż lekko się zarumienią. Dodaj wieprzowinę i smaż przez 10 minut, aż będzie złocista. Dodaj seler i smaż przez 3 minuty. Dodaj pozostałe składniki i smaż przez 3 minuty.

Wieprzowina Z Kasztanami I Pieczarkami

Służy 4

4 suszone grzyby chińskie
100 g/4 uncje/1 filiżanka orzechów nerkowca
30 ml/2 łyżki oleju arachidowego (orzechowego)
2,5 ml/½ łyżeczki soli
450 g/1 funt chudej wieprzowiny pokrojonej w kostkę
15 ml/1 łyżka sosu sojowego
375 ml/13 uncji/1½ szklanki bulionu z kurczaka
100 g kasztanów wodnych, pokrojonych w plasterki

Grzyby namoczyć w ciepłej wodzie na 30 minut i odcedzić. Odrzuć łodygi, a wierzchołki przekrój na pół. Blanszuj kasztany we wrzącej wodzie przez 1 minutę i odcedź. Rozgrzej olej i sól i smaż wieprzowinę, aż się lekko zrumieni. Dodaj sos sojowy i smaż przez 1 minutę. Dodać bulion i doprowadzić do wrzenia. Dodać kasztany i kasztany wodne, ponownie postawić na ogniu, przykryć i gotować około półtorej godziny, aż mięso będzie miękkie.

Kotlet schabowy

Służy 4

100 g pędów bambusa pokrojonych w paski
100 g kasztanów wodnych, pokrojonych w cienkie plasterki
60 ml/4 łyżki oleju arachidowego
3 szczypiorek (szczypiorek), posiekany
2 ząbki czosnku, zmiażdżone
1 plasterek korzenia imbiru, posiekany
225 g chudej wieprzowiny pokrojonej w paski
45 ml/3 łyżki sosu sojowego
15 ml/1 łyżka wina ryżowego lub wytrawnego sherry
5 ml/1 łyżeczka soli
5 ml/1 łyżeczka cukru
świeżo zmielony pieprz
15 ml/1 łyżka mąki kukurydzianej (skrobi kukurydzianej)

Blanszuj pędy bambusa i kasztany wodne we wrzącej wodzie przez 2 minuty, następnie odcedź i osusz. Rozgrzej 45 ml/3 łyżki oleju i podsmaż cebulę dymkę, czosnek i imbir, aż się lekko zrumienią. Dodaj wieprzowinę i smaż przez 4 minuty. Zdjąć z patelni.

Rozgrzać pozostały olej i smażyć warzywa przez 3 minuty. Dodać wieprzowinę, sos sojowy, wino lub sherry, sól, cukier i szczyptę pieprzu i smażyć przez 4 minuty. Mąkę kukurydzianą wymieszać z odrobiną wody, wsypać na patelnię i smażyć, mieszając, aż sos się rozjaśni i zgęstnieje.

Wieprzowina Yakisoba

Służy 4

4 suszone grzyby chińskie
30 ml/2 łyżki oleju arachidowego (orzechowego)
2,5 ml/½ łyżeczki soli
4 szalotki (szczypiorek), posiekane
225 g chudej wieprzowiny pokrojonej w paski
15 ml/1 łyżka sosu sojowego
5 ml/1 łyżeczka cukru
3 łodygi selera, posiekane
1 cebula, pokrojona w krążki
100 g grzybów przekrojonych na połówki
120 ml/4 uncji/½ szklanki bulionu z kurczaka
miękki smażony makaron

Grzyby namoczyć w ciepłej wodzie na 30 minut i odcedzić. Odrzuć łodygi i odetnij wierzchołki. Rozgrzewamy oliwę i sól, smażymy cebulę do miękkości. Dodaj wieprzowinę i smaż, aż lekko się zrumieni. Wymieszaj sos sojowy, cukier, seler, cebulę oraz świeże i suszone grzyby i smaż przez około 4 minuty, aż składniki dobrze się połączą. Dodać bulion i gotować 3 minuty. Na patelnię wrzucamy połowę makaronu i delikatnie mieszamy, następnie dodajemy resztę makaronu i mieszamy, aż się rozgrzeje.

Pieczona wieprzowina Chow Mein

Służy 4

100 g kiełków fasoli
45 ml/3 łyżki oleju arachidowego
100 g posiekanej kapusty pekińskiej
225 g pieczonej wieprzowiny pokrojonej w plasterki
5 ml/1 łyżeczka soli
15 ml/1 łyżka wina ryżowego lub wytrawnego sherry

Kiełki fasoli blanszować we wrzącej wodzie przez 4 minuty i odcedzić. Rozgrzej olej i podsmaż kiełki fasoli i kapustę, aż będą miękkie. Dodaj wieprzowinę, sól i sherry i smaż, aż się rozgrzeje. Na patelnię wrzucamy połowę odcedzonego makaronu i delikatnie mieszamy, aż się rozgrzeje. Dodaj pozostały makaron i mieszaj, aż się rozgrzeje.

Wieprzowina z Chutneyem

Służy 4

5 ml/1 łyżeczka proszku pięciu smaków
5 ml/1 łyżeczka curry
450 g/1 funt wieprzowiny, pokrojonej w paski
30 ml/2 łyżki oleju arachidowego (orzechowego)
6 cebul dymki (szczypiorek), pokrojonych w paski
1 łodyga selera, pokrojona w paski
100 g kiełków fasoli
1 x słoik 200 g słodkich marynat chińskich, pokrojonych w kostkę
45 ml/3 łyżki chutneyu z mango
30 ml/2 łyżki sosu sojowego
30 ml/2 łyżki przecieru pomidorowego (pasty)
150 ml/¼ porcji/obfite ½ szklanki bulionu z kurczaka
10 ml/2 łyżeczki mąki kukurydzianej (skrobi kukurydzianej)

Dokładnie wetrzyj przyprawy w wieprzowinę. Rozgrzej olej i smaż mięso przez 8 minut lub do momentu, aż będzie ugotowane. Zdjąć z patelni. Dodaj warzywa na patelnię i smaż przez 5 minut. Włóż wieprzowinę z powrotem na patelnię ze wszystkimi pozostałymi składnikami z wyjątkiem mąki kukurydzianej. Mieszaj, aż się rozgrzeje. Mąkę kukurydzianą wymieszać z odrobiną wody, wsypać na patelnię i smażyć, mieszając, aż sos zgęstnieje.

Wieprzowina z ogórkiem

Służy 4

225 g chudej wieprzowiny pokrojonej w paski
30 ml/2 łyżki mąki pszennej (uniwersalnej)
sól i świeżo zmielony pieprz
60 ml/4 łyżki oleju arachidowego
225 g ogórka, obranego i pokrojonego w plasterki
30 ml/2 łyżki sosu sojowego

Obtocz wieprzowinę w mące i dopraw solą i pieprzem. Rozgrzej olej i smaż wieprzowinę przez około 5 minut, aż będzie ugotowana. Dodać ogórek i sos sojowy i smażyć kolejne 4 minuty. Sprawdź i dopraw do smaku i podawaj ze smażonym ryżem.

Chrupiąca Wieprzowina Wieprzowina Wieprzowina

Służy 4

4 suszone grzyby chińskie
30 ml/2 łyżki oleju arachidowego (orzechowego)
225 g posiekanego filetu wieprzowego (mielonego)
50 g obranych krewetek, posiekanych
15 ml/1 łyżka sosu sojowego
15 ml/1 łyżka mąki kukurydzianej (skrobi kukurydzianej)
30ml/2 łyżki wody
8 opakowań sajgonek
100 g/4 uncje/1 szklanka mąki kukurydzianej (skrobi kukurydzianej)
olej do smażenia

Grzyby namoczyć w ciepłej wodzie na 30 minut i odcedzić. Odrzuć łodygi i drobno posiekaj wierzchołki. Rozgrzać olej i smażyć grzyby, wieprzowinę, krewetki i sos sojowy przez 2 minuty. Wymieszaj mąkę kukurydzianą i wodę, aż powstanie pasta, a następnie dodaj ją do mieszanki, aby przygotować nadzienie.

Pokrój owijki w paski, na czubki każdego nałóż odrobinę nadzienia i zwiń w trójkąty, zlepiając je odrobiną mąki i wody. Posypać obficie mąką kukurydzianą. Rozgrzej olej i smaż trójkąty, aż będą chrupiące i złociste. Dobrze odcedzić przed podaniem.

Roladki wieprzowe i jajeczne

Służy 4

225 g chudej wieprzowiny, rozdrobnionej
1 plasterek korzenia imbiru, posiekany
1 szczypiorek, posiekany
15 ml/1 łyżka sosu sojowego
15ml/1 łyżka wody
12 skórek do bułek jajecznych
1 jajko, ubite
olej do smażenia

Wymieszaj wieprzowinę, imbir, cebulę, sos sojowy i wodę. Na środek każdej skórki nałóż odrobinę nadzienia i posmaruj brzegi roztrzepanym jajkiem. Złóż boki i zwiń bułkę jajeczną od siebie, uszczelniając krawędzie jajkiem. Gotuj na ruszcie w parowarze przez 30 minut, aż wieprzowina będzie ugotowana. Rozgrzej olej i smaż przez kilka minut, aż będą chrupiące i złociste.

Roladki z jajek wieprzowych i krewetek

Służy 4

30 ml/2 łyżki oleju arachidowego (orzechowego)
225 g chudej wieprzowiny, rozdrobnionej
6 szczypiorków (szczypiorek), posiekanych
225 g kiełków fasoli
100 g obranych krewetek, posiekanych
15 ml/1 łyżka sosu sojowego
2,5 ml/½ łyżeczki soli
12 skórek do bułek jajecznych
1 jajko, ubite
olej do smażenia

Rozgrzej olej i podsmaż wieprzowinę i szczypiorek, aż się lekko zrumienią. W międzyczasie kiełki fasoli blanszujemy we wrzącej wodzie przez 2 minuty i odcedzamy. Na patelnię dodaj kiełki fasoli i smaż przez 1 minutę. Dodaj krewetki, sos sojowy i sól i smaż przez 2 minuty. Ostudzić.

Na środek każdej skórki nałóż odrobinę nadzienia, a brzegi posmaruj roztrzepanym jajkiem. Złożyć boki i zwinąć bułeczki, sklejając brzegi jajkiem. Rozgrzej olej i smaż bułeczki jajeczne, aż będą chrupiące i złociste.

Pieczona wieprzowina z jajkami

Służy 4

450 g/1 funt chudej wieprzowiny
30 ml/2 łyżki oleju arachidowego (orzechowego)
1 posiekana cebula
90 ml/6 łyżek sosu sojowego
45 ml/3 łyżki wina ryżowego lub wytrawnego sherry
15 ml/1 łyżka brązowego cukru
3 jajka na twardo (twarde)

Zagotuj w garnku wodę, włóż wieprzowinę, ponownie zagotuj i gotuj, aż się zrumieni. Zdjąć z patelni, dobrze odsączyć i pokroić w kostkę. Rozgrzewamy olej i smażymy cebulę, aż się zeszkli. Dodaj wieprzowinę i smaż, aż lekko się zrumieni. Dodać sos sojowy, wino lub sherry i cukier, przykryć i gotować przez 30 minut, od czasu do czasu mieszając. Zrób małe nacięcia na zewnętrznej stronie jajek i włóż je na patelnię, przykryj i gotuj przez kolejne 30 minut.

Ognista Świnia

Służy 4

450 g filetu wieprzowego pokrojonego w paski
30 ml/2 łyżki sosu sojowego
30 ml/2 łyżki sosu hoisin
5 ml/1 łyżeczka proszku pięciu smaków
15 ml/1 łyżka pieprzu
15 ml/1 łyżka brązowego cukru
15 ml/1 łyżka oleju sezamowego
30 ml/2 łyżki oleju arachidowego (orzechowego)
6 szczypiorków (szczypiorek), posiekanych
1 zielona papryka, pokrojona na kawałki
200 g kiełków fasoli
2 plasterki ananasa, pokrojone w kostkę
45 ml/3 łyżki ketchupu pomidorowego (catsup)
150 ml/¼ porcji/obfite ½ szklanki bulionu z kurczaka

Mięso włożyć do miski. Wymieszaj sos sojowy, sos hoisin, proszek pięciu przypraw, pieprz i cukier, polej mięso i marynuj przez 1 godzinę. Rozgrzewamy oleje i smażymy mięso na złoty kolor. Zdjąć z patelni. Dodaj warzywa i smaż przez 2 minuty. Dodać ananasa, ketchup pomidorowy i bulion i doprowadzić do wrzenia. Mięso włóż z powrotem na patelnię i podgrzej przed podaniem.

Smażony Filet Wieprzowy

Służy 4

350 g filetu wieprzowego pokrojonego w kostkę
15 ml/1 łyżka wina ryżowego lub wytrawnego sherry
15 ml/1 łyżka sosu sojowego
5 ml/1 łyżeczka oleju sezamowego
30 ml/2 łyżki mąki kukurydzianej (skrobi kukurydzianej)
olej do smażenia

Wymieszaj wieprzowinę, wino lub sherry, sos sojowy, olej sezamowy i mąkę kukurydzianą, tak aby wieprzowina była pokryta gęstym ciastem. Rozgrzej olej i smaż wieprzowinę przez około 3 minuty, aż będzie chrupiąca. Zdjąć wieprzowinę z patelni, ponownie rozgrzać olej i smażyć ponownie przez około 3 minuty.

Wieprzowina Pięć Przypraw

Służy 4

225 g chudej wieprzowiny
5 ml/1 łyżeczka mąki kukurydzianej (skrobi kukurydzianej)
2,5 ml/½ łyżeczki proszku pięciu smaków
2,5 ml/½ łyżeczki soli
15 ml/1 łyżka wina ryżowego lub wytrawnego sherry
20 ml/2 łyżki oleju arachidowego (orzechowego)
120 ml/4 uncji/½ szklanki bulionu z kurczaka

Pokrój wieprzowinę w cienkie plasterki wzdłuż włókien. Wymieszaj wieprzowinę z mąką kukurydzianą, proszkiem pięciu przypraw, solą i winem lub sherry i dobrze wymieszaj, aby wieprzowina pokryła się nią. Odstawiamy na 30 minut, od czasu do czasu mieszając. Rozgrzewamy olej, dodajemy wieprzowinę i smażymy około 3 minuty. Dodajemy bulion, doprowadzamy do wrzenia, przykrywamy i gotujemy 3 minuty. Natychmiast podawaj.

Pachnąca Pieczona Wieprzowina

Porcja 6-8

1 kawałek skórki mandarynki
45 ml/3 łyżki oleju arachidowego
900 g chudej wieprzowiny pokrojonej w kostkę
250 ml/8 uncji/1 szklanka wina ryżowego lub wytrawnego sherry
120 ml/4 uncji/½ szklanki sosu sojowego
2,5 ml/½ łyżeczki proszku anyżowego
½ laski cynamonu
4 goździki
5 ml/1 łyżeczka soli
250 ml/8 uncji/1 szklanka wody
2 szalotki (szalotka), pokrojone w plasterki
1 plasterek korzenia imbiru, posiekany

Podczas przygotowywania potrawy namocz skórkę mandarynki w wodzie. Rozgrzej olej i smaż wieprzowinę, aż będzie lekko rumiana. Dodać wino lub sherry, sos sojowy, anyż, cynamon, goździki, sól i wodę. Zagotować, dodać skórkę mandarynki, szczypiorek i imbir. Przykryj i gotuj przez około 1 1/2 godziny do miękkości, od czasu do czasu mieszając i dodając trochę dodatkowej wrzącej wody, jeśli to konieczne. Przed podaniem usuń przyprawy.

Wieprzowina z mielonym czosnkiem

Służy 4

450 g/1 funt boczku wieprzowego ze skórą
3 plasterki korzenia imbiru
2 szczypiorek (szczypiorek), posiekany
30 ml/2 łyżki mielonego czosnku
30 ml/2 łyżki sosu sojowego
5 ml/1 łyżeczka soli
15 ml/1 łyżka bulionu z kurczaka
2,5 ml/½ łyżeczki oleju chili
4 gałązki kolendry

Mięso wieprzowe włożyć na patelnię z imbirem i dymką, zalać wodą, doprowadzić do wrzenia i gotować przez 30 minut, aż będzie ugotowane. Wyjmij i dobrze odsącz, a następnie pokrój w cienkie plasterki o boku około 5 cm/2 kwadratu. Ułóż plastry na metalowym sicie. Zagotuj wodę w rondlu, włóż kawałki wieprzowiny i gotuj przez 3 minuty, aż się zarumienią. Ułożyć na ciepłym talerzu do serwowania. Wymieszaj czosnek, sos sojowy, sól, bulion i olej chili i polej wieprzowinę. Podawać udekorowane kolendrą.

Smażona Wieprzowina Z Imbirem

Służy 4

225 g chudej wieprzowiny
5 ml/1 łyżeczka mąki kukurydzianej (skrobi kukurydzianej)
30 ml/2 łyżki sosu sojowego
30 ml/2 łyżki oleju arachidowego (orzechowego)
1 plasterek korzenia imbiru, posiekany
1 szczypiorek (szczypiorek), pokrojony w plasterki
45ml/3 łyżki wody
5 ml/1 łyżeczka brązowego cukru

Pokrój wieprzowinę w cienkie plasterki wzdłuż włókien. Dodać mąkę kukurydzianą, posypać sosem sojowym i ponownie wymieszać. Rozgrzej olej i smaż wieprzowinę przez 2 minuty, aż będzie szczelna. Dodaj imbir i szalotkę i smaż przez 1 minutę. Dodać wodę i cukier, przykryć i gotować około 5 minut, aż zmiękną.

Wieprzowina z fasolką szparagową

Służy 4

450 g/1 funt zielonej fasolki, pokrojonej na kawałki
30 ml/2 łyżki oleju arachidowego (orzechowego)
2,5 ml/½ łyżeczki soli
1 plasterek korzenia imbiru, posiekany
225 g chudej wieprzowiny, mielonej (mielonej)
120 ml/4 uncji/½ szklanki bulionu z kurczaka
75ml/5 łyżek wody
2 jajka
15 ml/1 łyżka mąki kukurydzianej (skrobi kukurydzianej)

Fasolę gotujemy około 2 minut i odcedzamy. Rozgrzej olej i podsmaż sól i imbir przez kilka sekund. Dodaj wieprzowinę i smaż, aż lekko się zrumieni. Dodaj fasolę i smaż przez 30 sekund, polewając olejem. Dodać bulion, doprowadzić do wrzenia, przykryć i gotować 2 minuty. Jajka ubić w 30 ml/2 łyżki wody i wymieszać na patelni. Pozostałą wodę wymieszaj z mąką kukurydzianą. Kiedy jajka zaczną się zetnieć, dodaj mąkę kukurydzianą i gotuj, aż mieszanina zgęstnieje. Natychmiast podawaj.

Wieprzowina z szynką i tofu

Służy 4

4 suszone grzyby chińskie
5 ml/1 łyżeczka oleju arachidowego
100 g szynki wędzonej, pokrojonej w plasterki
225 g tofu, pokrojonego w plasterki
225 g chudej wieprzowiny pokrojonej w plasterki
15 ml/1 łyżka wina ryżowego lub wytrawnego sherry
sól i świeżo zmielony pieprz
1 plasterek korzenia imbiru, posiekany
1 szczypiorek (szczypiorek), posiekany
10 ml/2 łyżeczki mąki kukurydzianej (skrobi kukurydzianej)
30ml/2 łyżki wody

Grzyby namoczyć w ciepłej wodzie na 30 minut i odcedzić. Odrzuć łodygi, a wierzchołki przekrój na pół. Nasmaruj żaroodporną miskę olejem arachidowym. Na talerzu układamy warstwami grzyby, szynkę, tofu i wieprzowinę, na wierzchu znajduje się wieprzowina. Posypać winem lub sherry, solą i pieprzem, imbirem i szczypiorkiem. Przykryj i gotuj na parze na stojaku nad wrzącą wodą przez około 45 minut, aż będzie ugotowane. Sos odlać z miski, nie mieszając składników. Dodaj tyle wody, aby uzyskać 250 ml/8 uncji/1 filiżankę. Wymieszaj mąkę kukurydzianą z wodą i dodaj do sosu. Przełóż do miski i gotuj, mieszając, aż sos zgęstnieje i zgęstnieje. Przełóż mieszankę wieprzową na ciepły talerz, polej sosem i podawaj.

Smażone kebaby wieprzowe

Służy 4

450 g filetu wieprzowego pokrojonego w cienkie plasterki
100 g gotowanej szynki, pokrojonej w cienkie plasterki
6 kasztanów wodnych pokrojonych w cienkie plasterki
30 ml/2 łyżki sosu sojowego
30 ml/2 łyżki octu winnego
15 ml/1 łyżka brązowego cukru
15 ml/1 łyżka sosu ostrygowego
kilka kropli olejku chili
45 ml/3 łyżki mąki kukurydzianej (skrobi kukurydzianej)
30 ml/2 łyżki wina ryżowego lub wytrawnego sherry
2 jajka, ubite
olej do smażenia

Na małe patyczki do szaszłyków nabijaj na przemian wieprzowinę, szynkę i kasztany wodne. Wymieszaj sos sojowy, ocet winny, cukier, sos ostrygowy i olej chili. Polej kebaby, przykryj i odstaw do marynowania w lodówce na 3 godziny. Wymieszaj mąkę kukurydzianą, wino lub sherry i jajka, aż uzyskasz gładkie, gęste ciasto. Obracaj kebaby w cieście, aby je pokryć. Rozgrzej olej i smaż kebaby na złoty kolor.

Pieczona golonka wieprzowa w czerwonym sosie

Służy 4

1 duża golonka wieprzowa
1 l/1½ pkt./4¼ szklanki wrzącej wody
5 ml/1 łyżeczka soli
120 ml/4 uncji/½ szklanki octu winnego
120 ml/4 uncji/½ szklanki sosu sojowego
45 ml/3 łyżki miodu
5 ml/1 łyżeczka jagód jałowca
5 ml/1 łyżeczka anyżu
5 ml/1 łyżeczka kolendry
60 ml/4 łyżki oleju arachidowego
6 cebulek (szalotka), pokrojonych w plasterki
2 marchewki, pokrojone w cienkie plasterki

1 łodyga selera, pokrojona w plasterki
45 ml/3 łyżki sosu hoisin
30 ml/2 łyżki chutneyu z mango
75 ml/5 łyżek przecieru pomidorowego (pasty)
1 ząbek czosnku, zmiażdżony
60 ml/4 łyżki posiekanego szczypiorku

Zagotuj gicz wieprzową z wodą, solą, octem winnym, 45 ml/3 łyżkami sosu sojowego, miodem i przyprawami. Dodaj warzywa, zagotuj, przykryj i gotuj przez około 1 1/2 godziny, aż mięso będzie miękkie. Zdejmij mięso i warzywa z patelni, mięso oddziel od kości i posiekaj. Rozgrzej olej i smaż mięso na złoty kolor. Dodaj warzywa i smaż przez 5 minut. Dodać pozostały sos sojowy, sos hoisin, chutney, przecier pomidorowy i czosnek. Doprowadzić do wrzenia, mieszając i gotować przez 3 minuty. Podawać posypane szczypiorkiem.

Marynowana Wieprzowina

Służy 4

450 g/1 funt chudej wieprzowiny
1 plasterek korzenia imbiru, posiekany
1 ząbek czosnku, zmiażdżony
90 ml/6 łyżek sosu sojowego
15 ml/1 łyżka wina ryżowego lub wytrawnego sherry
45 ml/3 łyżki oleju arachidowego
1 szczypiorek (szczypiorek), pokrojony w plasterki
15 ml/1 łyżka brązowego cukru
świeżo zmielony pieprz

Mięso wieprzowe wymieszać z imbirem, czosnkiem, 30 ml/2 łyżkami sosu sojowego i winem lub sherry. Odstawiamy na 30 minut, od czasu do czasu mieszając, po czym wyjmujemy mięso z marynaty. Rozgrzej olej i smaż wieprzowinę, aż będzie lekko rumiana. Dodać szczypiorek, cukier, pozostały sos sojowy i szczyptę pieprzu, przykryć i dusić na wolnym ogniu przez około 45 minut, aż wieprzowina będzie ugotowana. Wieprzowinę pokroić w kostkę i podawać.

Marynowane Kotlety Schabowe

Serwuje 6

6 kotletów schabowych
1 plasterek korzenia imbiru, posiekany
1 ząbek czosnku, zmiażdżony
90 ml/6 łyżek sosu sojowego
30 ml/2 łyżki wina ryżowego lub wytrawnego sherry
45 ml/3 łyżki oleju arachidowego
2 szczypiorek (szczypiorek), posiekany
15 ml/1 łyżka brązowego cukru
świeżo zmielony pieprz

Z kotletów schabowych odetnij kość, a mięso pokrój w kostkę. Imbir, czosnek, 30 ml/2 łyżki sosu sojowego wymieszaj z winem lub sherry, polej wieprzowinę i marynuj przez 30 minut, od czasu do czasu mieszając. Wyjmij mięso z marynaty. Rozgrzej olej i smaż wieprzowinę, aż będzie lekko rumiana. Dodaj szczypiorek i smaż przez 1 minutę. Pozostały sos sojowy wymieszaj z cukrem i szczyptą pieprzu. Wymieszać z sosem, doprowadzić do wrzenia, przykryć i dusić około 30 minut, aż wieprzowina będzie miękka.

Wieprzowina Z Pieczarkami

Służy 4

25 g/1 uncja suszonych grzybów chińskich
30 ml/2 łyżki oleju arachidowego (orzechowego)
1 ząbek czosnku, posiekany
225 g chudej wieprzowiny pokrojonej w płatki
4 szalotki (szczypiorek), posiekane
15 ml/1 łyżka sosu sojowego
15 ml/1 łyżka wina ryżowego lub wytrawnego sherry
5 ml/1 łyżeczka oleju sezamowego

Grzyby namoczyć w ciepłej wodzie na 30 minut i odcedzić. Odrzuć łodygi i odetnij wierzchołki. Rozgrzej oliwę z oliwek i podsmaż czosnek, aż będzie lekko złocisty. Dodaj wieprzowinę i smaż na złoty kolor. Dodaj dymkę, grzyby, sos sojowy i wino lub sherry i smaż przez 3 minuty. Dodaj olej sezamowy i natychmiast podawaj.

Kotlet mielony na parze

Służy 4

450 g/1 funt mielonej wieprzowiny (mielonej)
4 kasztany wodne, drobno posiekane
225 g grzybów, drobno posiekanych
5 ml/1 łyżeczka sosu sojowego
sól i świeżo zmielony pieprz
1 jajko, lekko ubite

Wszystkie składniki dobrze wymieszać i z powstałej masy uformować płaski placek w naczyniu żaroodpornym. Umieścić naczynie na stojaku w naczyniu do gotowania na parze, przykryć i gotować na parze przez 1,5 godziny.

Czerwona Wieprzowina Z Pieczarkami

Służy 4

450 g/1 funt chudej wieprzowiny pokrojonej w kostkę
250 ml/8 uncji/1 szklanka wody
15 ml/1 łyżka sosu sojowego
15 ml/1 łyżka wina ryżowego lub wytrawnego sherry
5 ml/1 łyżeczka cukru
5 ml/1 łyżeczka soli
225 g pieczarek

Włóż wieprzowinę i wodę do garnka i zagotuj wodę. Przykryj i gotuj przez 30 minut, następnie odcedź, zachowując bulion. Włóż wieprzowinę z powrotem na patelnię i dodaj sos sojowy. Gotuj na małym ogniu, mieszając, aż sos sojowy się wchłonie. Dodać wino lub sherry, cukier i sól. Zalewamy zarezerwowanym bulionem, doprowadzamy do wrzenia, przykrywamy i gotujemy około 30 minut, co jakiś czas obracając mięso. Dodaj grzyby i gotuj przez kolejne 20 minut.

Naleśnik wieprzowy z makaronem

Służy 4

30 ml/2 łyżki oleju arachidowego (orzechowego)
5 ml/2 łyżeczki soli
225 g chudej wieprzowiny pokrojonej w paski
225 g posiekanej kapusty pekińskiej
100 g posiekanych pędów bambusa
100 g grzybów, pokrojonych w cienkie plasterki
150 ml/¼ porcji/obfite ½ szklanki bulionu z kurczaka
10 ml/2 łyżeczki mąki kukurydzianej (skrobi kukurydzianej)
15 ml/1 łyżka wina ryżowego lub wytrawnego sherry
15ml/1 łyżka wody
naleśnik z makaronem

Rozgrzej olej i podsmaż sól i wieprzowinę, aż się lekko zrumienią. Dodaj kapustę, pędy bambusa i grzyby i smaż przez 1 minutę. Dodać bulion, doprowadzić do wrzenia, przykryć i gotować przez 4 minuty, aż wieprzowina będzie ugotowana. Mąkę kukurydzianą zmiksować na pastę z winem lub sherry i wodą, wlać na patelnię i smażyć, mieszając, aż sos będzie klarowny i gęsty. Polać polewą makaronową i podawać.

Wieprzowina i krewetki z naleśnikiem z makaronem

Służy 4

30 ml/2 łyżki oleju arachidowego (orzechowego)
5 ml/1 łyżeczka soli
4 szalotki (szczypiorek), posiekane
1 ząbek czosnku, zmiażdżony
225 g chudej wieprzowiny pokrojonej w paski
100 g grzybów pokrojonych w plasterki
4 łodygi selera, pokrojone w plasterki
225 g obranych krewetek
30 ml/2 łyżki sosu sojowego
10 ml/1 łyżeczka mąki kukurydzianej (skrobi kukurydzianej)
45ml/3 łyżki wody
naleśnik z makaronem

Rozgrzej oliwę i sól, podsmaż cebulę i czosnek na złoty kolor. Dodaj wieprzowinę i smaż, aż lekko się zrumieni. Dodaj grzyby i seler i smaż przez 2 minuty. Dodaj krewetki, posyp sosem sojowym i mieszaj, aż się podgrzeją. Wymieszaj mąkę kukurydzianą z wodą, aż powstanie pasta, wlej ją na patelnię i smaż, mieszając, aż będzie gorąca. Polać polewą makaronową i podawać.

Wieprzowina z sosem ostrygowym

Porcja 4-6

450 g/1 funt chudej wieprzowiny
15 ml/1 łyżka mąki kukurydzianej (skrobi kukurydzianej)
10 ml/2 łyżeczki wina ryżowego lub wytrawnego sherry
szczypta cukru
45 ml/3 łyżki oleju arachidowego
10ml/2 łyżeczki wody
30 ml/2 łyżki sosu ostrygowego
świeżo zmielony pieprz
1 plasterek korzenia imbiru, posiekany
60 ml/4 łyżki bulionu z kurczaka

Pokrój wieprzowinę w cienkie plasterki wzdłuż włókien. Zmieszaj 5 ml/1 łyżeczkę mąki kukurydzianej z winem lub sherry, cukrem i 5 ml/1 łyżeczką oleju, dodaj do wieprzowiny i dobrze wymieszaj, aby nią pokryć mięso. Pozostałą mąkę kukurydzianą wymieszaj z wodą, sosem ostrygowym i szczyptą pieprzu. Rozgrzać pozostały olej i smażyć imbir przez 1 minutę.

Dodaj wieprzowinę i smaż, aż lekko się zrumieni. Dodać bulion, wodę i sos ostrygowy, doprowadzić do wrzenia, przykryć i gotować przez 3 minuty.

Wieprzowina z orzeszkami ziemnymi

Służy 4

450 g/1 funt chudej wieprzowiny pokrojonej w kostkę
15 ml/1 łyżka mąki kukurydzianej (skrobi kukurydzianej)
5 ml/1 łyżeczka soli
1 białko jaja
3 szczypiorek (szczypiorek), posiekany
1 ząbek czosnku, posiekany
1 plasterek korzenia imbiru, posiekany
45 ml/3 łyżki bulionu z kurczaka
15 ml/1 łyżka wina ryżowego lub wytrawnego sherry
15 ml/1 łyżka sosu sojowego
10 ml/2 łyżeczki czarnej melasy
45 ml/3 łyżki oleju arachidowego
½ ogórka, pokrojonego w kostkę
25 g/1 uncja/¼ szklanki orzeszków ziemnych łuskanych
5 ml/1 łyżeczka oleju chili

Wymieszaj wieprzowinę z połową mąki kukurydzianej, solą i białkiem jaja i dobrze wymieszaj, aby wieprzowina pokryła się nią. Pozostałą mąkę kukurydzianą wymieszaj z dymką, czosnkiem, imbirem, bulionem, winem lub sherry, sosem sojowym i melasą. Rozgrzej olej i podsmaż wieprzowinę, aż się lekko zarumieni, a następnie zdejmij ją z patelni. Na patelnię dodajemy ogórek i smażymy kilka minut. Włóż wieprzowinę z powrotem na patelnię i lekko wymieszaj. Dodać mieszankę przypraw, doprowadzić do wrzenia i gotować, mieszając, aż sos się rozjaśni i zgęstnieje. Wymieszaj orzeszki ziemne i olej chili i podgrzej przed podaniem.

Wieprzowina z papryką

Służy 4

45 ml/3 łyżki oleju arachidowego
225 g chudej wieprzowiny pokrojonej w kostkę
1 cebula, pokrojona w kostkę
2 zielone papryki, posiekane
½ główki liści chińskich pokrojonych w kostkę
1 plasterek korzenia imbiru, posiekany
15 ml/1 łyżka sosu sojowego
15ml/1 łyżka cukru
2,5 ml/½ łyżeczki soli

Rozgrzej olej i smaż wieprzowinę przez około 4 minuty, aż będzie złocista. Dodać cebulę i smażyć przez około 1 minutę. Dodaj paprykę i smaż przez 1 minutę. Dodaj liście chińskie i smaż przez 1 minutę. Pozostałe składniki wymieszać, wrzucić na patelnię i smażyć kolejne 2 minuty.

Pikantna wieprzowina z piklami

Służy 4

Kotlety schabowe o wadze 900 g
30 ml/2 łyżki mąki kukurydzianej (skrobi kukurydzianej)
45 ml/3 łyżki sosu sojowego
30 ml/2 łyżki słodkiego sherry
5 ml/1 łyżeczka startego korzenia imbiru
2,5 ml/½ łyżeczki proszku pięciu smaków
szczypta świeżo zmielonego pieprzu
olej do smażenia
60 ml/4 łyżki bulionu z kurczaka
Chińskie marynowane warzywa

Obierz kotlety, pozbywając się tłuszczu i kości. Wymieszaj mąkę kukurydzianą, 30 ml/2 łyżki sosu sojowego, sherry, imbir, proszek pięciu przypraw i pieprz. Polać wieprzowiną i wymieszać tak, aby całkowicie się nią pokryła. Przykryć i marynować przez 2 godziny, od czasu do czasu obracając. Rozgrzej olej i smaż wieprzowinę, aż będzie złocista i ugotowana. Odsączyć na papierze kuchennym. Wieprzowinę pokroić w grube plastry, przełożyć na ciepły talerz i trzymać w cieple. Połącz bulion i pozostały sos sojowy w małym rondlu. Doprowadzić do wrzenia i zalać pokrojoną w plasterki wieprzowiną. Podawać udekorowane mieszanką pikli.

Wieprzowina z sosem śliwkowym

Służy 4

450 g/1 funt duszonej wieprzowiny pokrojonej w kostkę
2 ząbki czosnku, zmiażdżone
sól
60 ml/4 łyżki ketchupu pomidorowego (catsup)
30 ml/2 łyżki sosu sojowego
45 ml/3 łyżki sosu śliwkowego
5 ml/1 łyżeczka curry
5 ml/1 łyżeczka papryki
2,5 ml/½ łyżeczki świeżo zmielonego pieprzu
45 ml/3 łyżki oleju arachidowego
6 cebul dymki (szczypiorek), pokrojonych w paski
4 marchewki, pokrojone w paski

Mięso marynować z czosnkiem, solą, ketchupem pomidorowym, sosem sojowym, sosem śliwkowym, curry, papryką i pieprzem przez 30 minut. Rozgrzej olej i smaż mięso, aż lekko się zrumieni. Wyjmij z woka. Warzywa dodajemy do oleju i smażymy do miękkości. Włóż mięso z powrotem na patelnię i delikatnie podgrzej przed podaniem.

Wieprzowina Z Krewetkami

Porcja 6-8

900 g/2 funty chudej wieprzowiny
30 ml/2 łyżki oleju arachidowego (orzechowego)
1 cebula, pokrojona w plasterki
1 szczypiorek (szczypiorek), posiekany
2 ząbki czosnku, zmiażdżone
30 ml/2 łyżki sosu sojowego
50 g obranych krewetek, posiekanych
(podłoga)
600 ml/1 pt./2½ szklanki wrzącej wody
15ml/1 łyżka cukru

W garnku zagotuj wodę, włóż wieprzowinę, przykryj i gotuj przez 10 minut. Zdjąć z patelni, dobrze osączyć i pokroić w kostkę. Rozgrzej oliwę i podsmaż cebulę, szczypiorek i czosnek, aż lekko się zarumienią. Dodaj wieprzowinę i smaż, aż lekko się zrumieni. Dodaj sos sojowy i krewetki i smaż przez 1 minutę. Dodać wrzącą wodę i cukier, przykryć i gotować około 40 minut, aż wieprzowina będzie miękka.

Czerwona wieprzowina

Służy 4

675 g chudej wieprzowiny pokrojonej w kostkę
250 ml/8 uncji/1 szklanka wody
1 plasterek korzenia imbiru, zmiażdżony
60 ml/4 łyżki sosu sojowego
15 ml/1 łyżka wina ryżowego lub wytrawnego sherry
5 ml/1 łyżeczka soli
10 ml/2 łyżeczki brązowego cukru

Włóż wieprzowinę i wodę do garnka i zagotuj wodę. Dodaj imbir, sos sojowy, sherry i sól, przykryj i gotuj na wolnym ogniu przez 45 minut. Dodać cukier, obrócić mięso, przykryć i gotować przez kolejne 45 minut, aż wieprzowina będzie miękka.

Wieprzowina w czerwonym sosie

Służy 4

30 ml/2 łyżki oleju arachidowego (orzechowego)
225 g nerek wieprzowych, pokrojonych w paski
450 g/1 funt wieprzowiny, pokrojonej w paski
1 cebula, pokrojona w plasterki
4 dymki (szczypiorek), pokrojone w paski
2 marchewki, pokrojone w paski
1 łodyga selera, pokrojona w paski
1 czerwona papryka, pokrojona w paski
45 ml/3 łyżki sosu sojowego
45 ml/3 łyżki wytrawnego białego wina
300 ml/½ porcji/1 ¼ szklanki bulionu z kurczaka
30 ml/2 łyżki sosu śliwkowego
30 ml/2 łyżki octu winnego
5 ml/1 łyżeczka proszku pięciu smaków
5 ml/1 łyżeczka brązowego cukru
15 ml/1 łyżka mąki kukurydzianej (skrobi kukurydzianej)
15ml/1 łyżka wody

Rozgrzej olej i smaż nerki przez 2 minuty, następnie zdejmij je z patelni. Rozgrzej olej i smaż wieprzowinę, aż lekko się zarumieni. Dodaj warzywa i smaż przez 3 minuty. Dodać sos sojowy, wino, bulion, sos śliwkowy, ocet winny, proszek pięciu przypraw i cukier, doprowadzić do wrzenia, przykryć i gotować na wolnym ogniu przez 30 minut, aż do ugotowania. Dodaj nerki. Wymieszaj mąkę kukurydzianą z wodą i wlej na patelnię. Doprowadzić do wrzenia i gotować, mieszając, aż sos zgęstnieje.

Wieprzowina z makaronem ryżowym

Służy 4

4 suszone grzyby chińskie
100 g makaronu ryżowego
225 g chudej wieprzowiny pokrojonej w paski
15 ml/1 łyżka mąki kukurydzianej (skrobi kukurydzianej)
15 ml/1 łyżka sosu sojowego
15 ml/1 łyżka wina ryżowego lub wytrawnego sherry
45 ml/3 łyżki oleju arachidowego
2,5 ml/½ łyżeczki soli
1 plasterek korzenia imbiru, posiekany
2 łodygi selera, posiekane
120 ml/4 uncji/½ szklanki bulionu z kurczaka
2 szalotki (szalotka), pokrojone w plasterki

Grzyby namoczyć w ciepłej wodzie na 30 minut i odcedzić. Odrzuć łodygi i odetnij wierzchołki. Makaron namoczyć w ciepłej wodzie na 30 minut, odcedzić i pokroić na 5 cm/2 kawałki. Umieść wieprzowinę w misce. Wymieszaj mąkę kukurydzianą, sos sojowy i wino lub sherry, polej wieprzowinę i wymieszaj. Rozgrzać olej i smażyć sól i imbir przez kilka sekund. Dodaj wieprzowinę i smaż, aż lekko się zrumieni. Dodaj grzyby i seler i smaż przez 1 minutę. Dodać bulion, doprowadzić do wrzenia, przykryć i gotować 2 minuty. Dodać makaron i podgrzewać przez 2 minuty. Dodaj cebulę dymkę i natychmiast podawaj.

Bogate kluski wieprzowe

Służy 4

450 g/1 funt mielonej wieprzowiny (mielonej)
100 g tofu, puree
4 kasztany wodne, drobno posiekane
sól i świeżo zmielony pieprz
120 ml/4 uncji/½ szklanki oleju arachidowego
1 plasterek korzenia imbiru, posiekany
600 ml/1 porcja/2½ szklanki bulionu z kurczaka
15 ml/1 łyżka sosu sojowego
5 ml/1 łyżeczka brązowego cukru
5 ml/1 łyżeczka wina ryżowego lub wytrawnego sherry

Wymieszaj wieprzowinę, tofu i kasztany, dopraw solą i pieprzem. Formuj duże kulki. Rozgrzej olej i smaż kluski wieprzowe ze wszystkich stron na złoty kolor i zdejmij z patelni. Odcedź wszystko oprócz 15 ml/1 łyżkę oleju i dodaj imbir, bulion, sos sojowy, cukier i wino lub sherry. Włóż kulki wieprzowe z powrotem na patelnię, zagotuj i gotuj powoli przez 20 minut, aż będą ugotowane.

Pieczone Kotlety Wieprzowe

Służy 4

4 kotlety schabowe
75 ml/5 łyżek sosu sojowego
olej do smażenia
100 g selera
3 szczypiorek (szczypiorek), posiekany
1 plasterek korzenia imbiru, posiekany
15 ml/1 łyżka wina ryżowego lub wytrawnego sherry
120 ml/4 uncji/½ szklanki bulionu z kurczaka
sól i świeżo zmielony pieprz
5 ml/1 łyżeczka oleju sezamowego

Namocz kotlety wieprzowe w sosie sojowym, aż będą dobrze pokryte. Rozgrzej olej i smaż kotlety na złoty kolor. Wyjąć i dobrze odsączyć. Seler ułożyć na dnie płytkiego naczynia żaroodpornego. Posyp dymką i imbirem, a na wierzchu ułóż kotlety schabowe. Zalać winem lub sherry i bulionem, doprawić solą i pieprzem. Skropić olejem sezamowym. Piec w piekarniku nagrzanym do 200°C/400°C/gaz, stopień 6, przez 15 minut.

Sezonowana wieprzowina

Służy 4

1 ogórek, pokrojony w kostkę

sól

450 g/1 funt chudej wieprzowiny pokrojonej w kostkę

5 ml/1 łyżeczka soli

45 ml/3 łyżki sosu sojowego

30 ml/2 łyżki wina ryżowego lub wytrawnego sherry

30 ml/2 łyżki mąki kukurydzianej (skrobi kukurydzianej)

15 ml/1 łyżka brązowego cukru

60 ml/4 łyżki oleju arachidowego

1 plasterek korzenia imbiru, posiekany

1 ząbek czosnku, posiekany

1 czerwona papryczka chili, pozbawiona nasion i posiekana

60 ml/4 łyżki bulionu z kurczaka

Ogórka posypać solą i odstawić. Wymieszać wieprzowinę, sól, 15 ml/1 łyżka sosu sojowego, 15 ml/1 łyżka wina lub sherry, 15 ml/1 łyżka mąki kukurydzianej, brązowy cukier i 15 ml/1 łyżka oliwy z oliwek. Odstawiamy na 30 minut i wyjmujemy mięso z marynaty. Rozgrzej pozostały olej i smaż wieprzowinę, aż się lekko zrumieni. Dodaj imbir, czosnek i pieprz i smaż przez 2 minuty. Dodaj ogórek i smaż przez 2 minuty. Do marynaty wmieszaj bulion, pozostały sos sojowy, wino lub sherry i mąkę kukurydzianą. Wlej to na patelnię i zagotuj, mieszając. Gotuj, mieszając, aż sos się rozjaśni i zgęstnieje, po czym kontynuuj gotowanie na wolnym ogniu, aż mięso będzie ugotowane.

Śliskie plastry wieprzowiny

Służy 4

225 g chudej wieprzowiny pokrojonej w plasterki
2 białka jaj
15 ml/1 łyżka mąki kukurydzianej (skrobi kukurydzianej)
45 ml/3 łyżki oleju arachidowego
50 g pędów bambusa, pokrojonych w plasterki
6 szczypiorków (szczypiorek), posiekanych
2,5 ml/½ łyżeczki soli
15 ml/1 łyżka wina ryżowego lub wytrawnego sherry
150 ml/¼ porcji/obfite ½ szklanki bulionu z kurczaka

Wymieszaj wieprzowinę z białkami jaj i mąką kukurydzianą, aż będzie dobrze pokryta. Rozgrzej olej i podsmaż wieprzowinę, aż się lekko zarumieni, a następnie zdejmij ją z patelni. Dodaj pędy bambusa i dymkę i smaż przez 2 minuty. Włóż wieprzowinę z powrotem na patelnię z solą, winem lub sherry i bulionem z kurczaka. Doprowadzić do wrzenia i gotować, mieszając, przez 4 minuty, aż wieprzowina będzie ugotowana.

Wieprzowina ze szpinakiem i marchewką

Służy 4

225 g chudej wieprzowiny
2 marchewki, pokrojone w paski
225 g szpinaku
45 ml/3 łyżki oleju arachidowego
1 szczypiorek (szczypiorek), drobno posiekany
15 ml/1 łyżka sosu sojowego
2,5 ml/½ łyżeczki soli
10 ml/2 łyżeczki mąki kukurydzianej (skrobi kukurydzianej)
30ml/2 łyżki wody

Pokrój wieprzowinę w cienkie plasterki wzdłuż włókien i pokrój w paski. Marchewkę gotujemy około 3 minuty i odcedzamy. Liście szpinaku przekrój na pół. Rozgrzej olej i smaż szczypiorek, aż będzie przezroczysty. Dodaj wieprzowinę i smaż, aż lekko się zrumieni. Dodaj marchewkę i sos sojowy i smaż przez 1 minutę. Dodaj sól i szpinak i smaż przez około 30 sekund, aż zacznie mięknąć. Mąkę kukurydzianą i wodę mieszamy na pastę, dodajemy do sosu i smażymy na jasno, po czym od razu podajemy.

Wieprzowina na parze

Służy 4

450 g/1 funt chudej wieprzowiny pokrojonej w kostkę
120 ml/4 uncji/½ szklanki sosu sojowego
120 ml/4 uncji/½ szklanki wina ryżowego lub wytrawnego sherry
15 ml/1 łyżka brązowego cukru

Wszystkie składniki wymieszać i umieścić w żaroodpornej misce. Gotuj na parze na grillu nad wrzącą wodą przez około 1 1/2 godziny, aż będzie ugotowane.

Smażona wieprzowina

Służy 4

25 g/1 uncja suszonych grzybów chińskich
15 ml/1 łyżka oleju arachidowego
450 g/1 funt chudej wieprzowiny, pokrojonej w plasterki
1 zielona papryka, pokrojona w kostkę
15 ml/1 łyżka sosu sojowego
15 ml/1 łyżka wina ryżowego lub wytrawnego sherry
5 ml/1 łyżeczka soli
5 ml/1 łyżeczka oleju sezamowego

Grzyby namoczyć w ciepłej wodzie na 30 minut i odcedzić. Odrzuć łodygi i odetnij wierzchołki. Rozgrzej olej i smaż wieprzowinę, aż będzie lekko rumiana. Dodaj pieprz i smaż przez 1 minutę. Dodaj grzyby, sos sojowy, wino lub sherry i sól i smaż przez kilka minut, aż mięso będzie ugotowane. Przed podaniem wymieszaj z olejem sezamowym.

Wieprzowina ze słodkimi ziemniakami

Służy 4

olej do smażenia
2 duże słodkie ziemniaki, pokrojone w ósemki
30 ml/2 łyżki oleju arachidowego (orzechowego)
1 plasterek korzenia imbiru, pokrojony w plasterki
1 cebula, pokrojona w plasterki
450 g/1 funt chudej wieprzowiny pokrojonej w kostkę
15 ml/1 łyżka sosu sojowego
2,5 ml/½ łyżeczki soli
świeżo zmielony pieprz
250 ml/8 uncji uncji/1 szklanka bulionu z kurczaka
30 ml/2 łyżki curry

Rozgrzej olej i smaż słodkie ziemniaki na złoty kolor. Zdjąć z patelni i dobrze odsączyć. Rozgrzej olej z orzeszków ziemnych i podsmaż imbir i cebulę, aż się lekko zrumienią. Dodaj wieprzowinę i smaż, aż lekko się zrumieni. Dodać sos sojowy, sól i szczyptę pieprzu, następnie dodać bulion i curry, doprowadzić do wrzenia i gotować, mieszając, przez 1 minutę. Dodać frytki, przykryć i gotować przez 30 minut, aż wieprzowina będzie ugotowana.

Mięso wieprzowe słodko-gorzkie

Służy 4

450 g/1 funt chudej wieprzowiny pokrojonej w kostkę

15 ml/1 łyżka wina ryżowego lub wytrawnego sherry

15 ml/1 łyżka oleju arachidowego

5 ml/1 łyżeczka curry

1 jajko, ubite

sól

100 g mąki kukurydzianej (skrobi kukurydzianej)

olej do smażenia

1 ząbek czosnku, zmiażdżony

75 g/3 uncji/½ szklanki cukru

50 g ketchupu pomidorowego (catsup)

5 ml/1 łyżeczka octu winnego

5 ml/1 łyżeczka oleju sezamowego

Wymieszaj wieprzowinę z winem lub sherry, oliwą z oliwek, curry, jajkiem i odrobiną soli. Mieszaj mąkę kukurydzianą, aż wieprzowina pokryje się ciastem. Rozgrzewamy olej aż zacznie dymić i wrzucamy kilka razy kostkę wieprzową. Smażymy około 3 minuty, odcedzamy i odstawiamy. Rozgrzej olej i ponownie smaż kostki przez około 2 minuty. Wyjąć i odsączyć. Podgrzej czosnek, cukier, ketchup pomidorowy i ocet winny, mieszając, aż cukier się rozpuści. Doprowadzić do wrzenia, następnie dodać kostki wieprzowe i dobrze wymieszać. Dodaj olej sezamowy i podawaj.

Solona Wieprzowina

Służy 4

30 ml/2 łyżki oleju arachidowego (orzechowego)
450 g/1 funt chudej wieprzowiny pokrojonej w kostkę
3 szalotki (szalotka), pokrojone w plasterki
2 ząbki czosnku, zmiażdżone
1 plasterek korzenia imbiru, posiekany
250 ml/8 uncji/1 szklanka sosu sojowego
30 ml/2 łyżki wina ryżowego lub wytrawnego sherry
30 ml/2 łyżki brązowego cukru
5 ml/1 łyżeczka soli
600 ml/1 pkt./2½ szklanki wody

Rozgrzej olej i smaż wieprzowinę na złoty kolor. Odcedź nadmiar oleju, dodaj dymkę, czosnek i imbir i smaż przez 2 minuty. Dodaj sos sojowy, wino lub sherry, cukier i sól i dobrze wymieszaj. Dodać wodę, doprowadzić do wrzenia, przykryć i gotować przez 1 godzinę.

Wieprzowina z tofu

Służy 4

450 g/1 funt chudej wieprzowiny
45 ml/3 łyżki oleju arachidowego
1 cebula, pokrojona w plasterki
1 ząbek czosnku, zmiażdżony
225 g tofu pokrojonego w kostkę
375 ml/13 uncji/1½ szklanki bulionu z kurczaka
15 ml/1 łyżka brązowego cukru
60 ml/4 łyżki sosu sojowego
2,5 ml/½ łyżeczki soli

Umieść wieprzowinę na patelni i zalej wodą. Doprowadzić do wrzenia, a następnie gotować przez 5 minut. Odcedzić, ostudzić i pokroić w kostkę.

Rozgrzej oliwę i podsmaż cebulę i czosnek, aż lekko się zarumienią. Dodaj wieprzowinę i smaż, aż lekko się zrumieni. Dodaj tofu i delikatnie mieszaj, aż pokryje się olejem. Dodać bulion, cukier, sos sojowy i sól, doprowadzić do wrzenia, przykryć i gotować około 40 minut, aż wieprzowina będzie miękka.

Delikatna wieprzowina

Służy 4

225 g filetu wieprzowego pokrojonego w kostkę
1 białko jaja
30 ml/2 łyżki wina ryżowego lub wytrawnego sherry
sól
225 g mąki kukurydzianej (skrobia kukurydziana)
olej do smażenia

Wymieszaj wieprzowinę z białkiem, winem lub sherry i odrobiną soli. Stopniowo dodawaj wystarczającą ilość mąki kukurydzianej, aby uzyskać gęste ciasto. Rozgrzej olej i smaż wieprzowinę, aż będzie złocista i chrupiąca na zewnątrz oraz miękka w środku.

Świnia dwa razy

Służy 4

225 g chudej wieprzowiny
45 ml/3 łyżki oleju arachidowego
2 zielone papryki, pokrojone na kawałki
2 ząbki czosnku, posiekane
2 szalotki (szalotka), pokrojone w plasterki
15 ml/1 łyżka ostrego sosu fasolowego
15 ml/1 łyżka bulionu z kurczaka
5 ml/1 łyżeczka cukru

Kawałek wieprzowiny włóż na patelnię, zalej wodą, zagotuj i gotuj przez 20 minut, aż będzie ugotowany. Wyjmij i odcedź i pozostaw do ostygnięcia. Pokrój cienko.

Rozgrzej olej i smaż wieprzowinę, aż będzie lekko rumiana. Dodaj paprykę, czosnek i szczypiorek i smaż przez 2 minuty. Zdjąć z patelni. Na patelnię dodać sos fasolowy, bulion i cukier i smażyć, mieszając, przez 2 minuty. Wróć wieprzowinę i paprykę i smaż, aż się rozgrzeją. Podawać na raz.

Wieprzowina z warzywami

Służy 4

2 ząbki czosnku, zmiażdżone
5 ml/1 łyżeczka soli
2,5 ml/½ łyżeczki świeżo zmielonego pieprzu
30 ml/2 łyżki oleju arachidowego (orzechowego)
30 ml/2 łyżki sosu sojowego
225 g różyczek brokułów
200 g różyczek kalafiora
1 czerwona papryka, pokrojona w kostkę
1 posiekana cebula
2 pomarańcze, obrane i pokrojone w kostkę
1 kawałek łodygi imbiru, posiekany
30 ml/2 łyżki mąki kukurydzianej (skrobi kukurydzianej)
300 ml/½ pt./1¼ szklanki wody
20 ml/2 łyżki octu winnego
15 ml/1 łyżka miodu
szczypta mielonego imbiru
2,5 ml/½ łyżeczki kminku

Włóż do mięsa czosnek, sól i pieprz. Rozgrzej olej i smaż mięso, aż lekko się zrumieni. Zdjąć z patelni. Na patelnię dodaj sos sojowy i warzywa i smaż, aż będą miękkie, ale nadal chrupiące.

Dodaj pomarańcze i imbir. Wymieszaj mąkę kukurydzianą z wodą i wmieszaj na patelnię z octem winnym, miodem, imbirem i kminkiem. Doprowadzić do wrzenia i gotować, mieszając, przez 2 minuty. Włóż wieprzowinę z powrotem na patelnię i podgrzej przed podaniem.

Wieprzowina z orzechami włoskimi

Służy 4

50 g/2 uncji/½ szklanki orzechów włoskich
225 g chudej wieprzowiny pokrojonej w paski
30 ml/2 łyżki mąki pszennej (uniwersalnej)
30 ml/2 łyżki brązowego cukru
30 ml/2 łyżki sosu sojowego
olej do smażenia
15 ml/1 łyżka oleju arachidowego

Orzechy blanszować we wrzącej wodzie przez 2 minuty i odcedzić. Wymieszaj wieprzowinę z mąką, cukrem i 15 ml/ 1 łyżką sosu sojowego, aż będzie dobrze pokryta. Rozgrzej olej i smaż wieprzowinę, aż będzie chrupiąca i złocista. Odsączyć na papierze kuchennym. Rozgrzej olej z orzeszków ziemnych i smaż orzechy na złoty kolor. Na patelnię włóż wieprzowinę, posyp pozostałym sosem sojowym i smaż, aż się zarumieni.

Wontony wieprzowe

Służy 4

450 g/1 funt mielonej wieprzowiny (mielonej)
1 szczypiorek (szczypiorek), posiekany
225 g mieszanych warzyw, posiekanych
30 ml/2 łyżki sosu sojowego
5 ml/1 łyżeczka soli
40 skórek wontonów
olej do smażenia

Rozgrzej patelnię i podsmaż wieprzowinę i szczypiorek, aż się lekko zarumienią. Zdjąć z ognia i wymieszać z warzywami, sosem sojowym i solą.

Aby złożyć wontony, przytrzymaj skórkę w lewej dłoni i umieść trochę nadzienia na środku. Brzegi zwilżyć jajkiem i złożyć skórkę w trójkąt, sklejając brzegi. Zwilż rogi jajkiem i skręć je ze sobą.

Rozgrzej olej i smaż po kilka wontonów na złoty kolor. Dobrze odcedzić przed podaniem.

Wieprzowina z kasztanami wodnymi

Służy 4

45 ml/3 łyżki oleju arachidowego
1 ząbek czosnku, zmiażdżony
1 szczypiorek (szczypiorek), posiekany
1 plasterek korzenia imbiru, posiekany
225 g chudej wieprzowiny pokrojonej w paski
100 g kasztanów wodnych, pokrojonych w cienkie plasterki
45 ml/3 łyżki sosu sojowego
15 ml/1 łyżka wina ryżowego lub wytrawnego sherry
5 ml/1 łyżeczka mąki kukurydzianej (skrobi kukurydzianej)

Rozgrzej oliwę i podsmaż czosnek, cebulę dymkę i imbir, aż lekko się zarumienią. Dodaj wieprzowinę i smaż przez 10 minut, aż będzie złocista. Dodaj kasztany wodne i smaż przez 3 minuty. Dodaj pozostałe składniki i smaż przez 3 minuty.

Wontony wieprzowe i krewetkowe

Służy 4

225 g mielonej wieprzowiny (mielonej)
2 szczypiorek (szczypiorek), posiekany
100 g mieszanych warzyw, posiekanych
100 g posiekanych grzybów
225 g obranych krewetek, posiekanych
15 ml/1 łyżka sosu sojowego
2,5 ml/½ łyżeczki soli
40 skórek wontonów
olej do smażenia

Rozgrzej patelnię i podsmaż wieprzowinę i szczypiorek, aż się lekko zarumienią. Dodaj resztę składników.

Aby złożyć wontony, przytrzymaj skórkę w lewej dłoni i umieść trochę nadzienia na środku. Brzegi zwilżyć jajkiem i złożyć skórkę w trójkąt, sklejając brzegi. Zwilż rogi jajkiem i skręć je ze sobą.

Rozgrzej olej i smaż po kilka wontonów na złoty kolor. Dobrze odcedzić przed podaniem.

Klopsiki mielone na parze

Służy 4

2 ząbki czosnku, zmiażdżone
2,5 ml/½ łyżeczki soli
450 g/1 funt mielonej wieprzowiny (mielonej)
1 posiekana cebula
1 czerwona papryka, posiekana
1 zielona papryka, posiekana
2 kawałki posiekanej łodygi imbiru
5 ml/1 łyżeczka curry
5 ml/1 łyżeczka papryki
1 jajko, ubite
45 ml/3 łyżki mąki kukurydzianej (skrobi kukurydzianej)
50 g ryżu krótkoziarnistego
sól i świeżo zmielony pieprz
60 ml/4 łyżki posiekanego szczypiorku

Wymieszaj czosnek, sól, wieprzowinę, cebulę, pieprz, imbir, curry i paprykę. Wbij jajko do mieszanki z mąką kukurydzianą i ryżem. Dopraw solą i pieprzem, a następnie wymieszaj ze szczypiorkiem. Wilgotnymi rękami uformuj masę w małe kulki. Umieścić je w koszyku do gotowania na parze, przykryć i gotować na parze we wrzącej wodzie przez 20 minut, aż będą ugotowane.

Żeberka z sosem z czarnej fasoli

Służy 4

900 g żeberek wieprzowych
2 ząbki czosnku, zmiażdżone
2 szczypiorek (szczypiorek), posiekany
30 ml/2 łyżki sosu z czarnej fasoli
30 ml/2 łyżki wina ryżowego lub wytrawnego sherry
15ml/1 łyżka wody
30 ml/2 łyżki sosu sojowego
15 ml/1 łyżka mąki kukurydzianej (skrobi kukurydzianej)
5 ml/1 łyżeczka cukru
120 ml/4 uncji ½ szklanki wody
30 ml/2 łyżki oleju
2,5 ml/½ łyżeczki soli
120 ml/4 uncji/½ szklanki bulionu z kurczaka

Żeberka pokroić na kawałki o wielkości 2,5 cm/1. Wymieszaj czosnek, szalotkę, sos z czarnej fasoli, wino lub sherry, wodę i 15 ml/1 łyżkę sosu sojowego. Pozostały sos sojowy wymieszaj z mąką kukurydzianą, cukrem i wodą. Rozgrzej olej i sól i smaż żeberka na złoty kolor. Spuść olej. Dodaj mieszankę czosnkową i smaż przez 2 minuty. Dodajemy bulion, doprowadzamy do wrzenia, przykrywamy i gotujemy 4 minuty. Dodaj mieszaninę mąki kukurydzianej i gotuj, mieszając, aż sos rozjaśni się i zgęstnieje.

Pieczone żeberka

Służy 4

3 ząbki czosnku, zmiażdżone
75 ml/5 łyżek sosu sojowego
60 ml/4 łyżki sosu hoisin
60 ml/4 łyżki wina ryżowego lub wytrawnego sherry
45 ml/3 łyżki brązowego cukru
30 ml/2 łyżki przecieru pomidorowego (pasty)
900 g żeberek wieprzowych
15 ml/1 łyżka miodu

Wymieszaj czosnek, sos sojowy, sos hoisin, wino lub sherry, brązowy cukier i przecier pomidorowy, polej żeberka, przykryj i marynuj przez noc.

Odcedź żeberka i ułóż je na ruszcie w brytfance z odrobiną wody pod spodem. Piec w piekarniku nagrzanym do 180°C/350°F/gaz 4 przez 45 minut, od czasu do czasu polewając marynatą, zachowując 30 ml/2 łyżki marynaty. Wymieszaj zarezerwowaną marynatę z miodem i posmaruj żeberka. Grilluj lub grilluj (grill) pod rozgrzanym grillem przez około 10 minut.

Pieczone żeberka klonowe

Służy 4

900 g żeberek wieprzowych
60 ml/4 łyżki syropu klonowego
5 ml/1 łyżeczka soli
5 ml/1 łyżeczka cukru
45 ml/3 łyżki sosu sojowego
15 ml/1 łyżka wina ryżowego lub wytrawnego sherry
1 ząbek czosnku, zmiażdżony

Żeberka pokroić na 5 cm/2 kawałki i włożyć do miski. Wymieszaj wszystkie składniki, dodaj żeberka i dobrze wymieszaj. Przykryj i marynuj przez noc. Podpiekaj (broiluj) lub smaż na średnim ogniu przez około 30 minut.

Smażone żeberka

Służy 4

900 g żeberek wieprzowych
120 ml/4 uncji/½ szklanki ketchupu pomidorowego (catsup)
120 ml/4 uncji/½ szklanki octu winnego
60 ml/4 łyżki chutneyu z mango
45 ml/3 łyżki wina ryżowego lub wytrawnego sherry
2 ząbki czosnku, posiekane
5 ml/1 łyżeczka soli
45 ml/3 łyżki sosu sojowego
30 ml/2 łyżki miodu
15 ml/1 łyżka łagodnego curry
15 ml/1 łyżka papryki
olej do smażenia
60 ml/4 łyżki posiekanego szczypiorku

Żeberka włóż do miski. Wszystkie składniki oprócz oliwy i szczypiorku wymieszać, polać żeberka, przykryć i marynować przez co najmniej 1 godzinę. Rozgrzej olej i smaż żeberka, aż będą chrupiące. Podawać posypane szczypiorkiem.

Żeberka z porem

Służy 4

450 g/1 funt żeberek wieprzowych
olej do smażenia
250 ml/8 uncji uncji/1 szklanka bulionu
30 ml/2 łyżki ketchupu pomidorowego (catsup)
2,5 ml/½ łyżeczki soli
2,5 ml/½ łyżeczki cukru
2 pory, pokrojone na kawałki
6 szalotek (szczypiorek), pokrojonych na kawałki
50 g różyczek brokułów
5 ml/1 łyżeczka oleju sezamowego

Żeberka pokroić na 5 cm/2 kawałki. Rozgrzej olej i smaż żeberka, aż zaczną się rumienić. Zdjąć je z patelni i wlać całość oprócz 30 ml/2 łyżki oleju. Dodać bulion, ketchup pomidorowy, sól i cukier, doprowadzić do wrzenia i gotować przez 1 minutę. Włóż żeberka z powrotem na patelnię i gotuj przez około 20 minut, aż będą miękkie.

W międzyczasie podgrzej kolejne 30 ml/2 łyżki oleju i smaż por, szczypiorek i brokuły przez około 5 minut. Posyp olejem sezamowym i ułóż wokół ciepłego talerza. Połóż żeberka i sos na środku i podawaj.

Żeberka Z Pieczarkami

Porcja 4-6

6 suszonych grzybów chińskich
900 g żeberek wieprzowych
2 ząbki anyżu gwiazdkowatego
45 ml/3 łyżki sosu sojowego
5 ml/1 łyżeczka soli
15 ml/1 łyżka mąki kukurydzianej (skrobi kukurydzianej)

Grzyby namoczyć w ciepłej wodzie na 30 minut i odcedzić. Odrzuć łodygi i odetnij wierzchołki. Żeberka pokroić na 5 cm/2 kawałki. W garnku zagotuj wodę, włóż żeberka i gotuj przez 15 minut. Wysusz dobrze. Włóż żeberka z powrotem na patelnię i zalej zimną wodą. Dodać grzyby, anyż gwiazdkowaty, sos sojowy i sól. Doprowadzić do wrzenia, przykryć i gotować około 45 minut, aż mięso będzie miękkie. Mąkę kukurydzianą wymieszać z odrobiną zimnej wody, wsypać na patelnię i smażyć, mieszając, aż sos się rozjaśni i zgęstnieje.

Żeberka z pomarańczą

Służy 4

900 g żeberek wieprzowych
5 ml/1 łyżeczka tartego sera
5 ml/1 łyżeczka mąki kukurydzianej (skrobi kukurydzianej)
45 ml/3 łyżki wina ryżowego lub wytrawnego sherry
sól
olej do smażenia
15ml/1 łyżka wody
2,5 ml/½ łyżeczki cukru
15 ml/1 łyżka przecieru pomidorowego (pasta)
2,5 ml/½ łyżeczki ostrego sosu
otarta skórka z 1 pomarańczy
1 pomarańcza, pokrojona w plasterki

Żeberka pokroić na kawałki i wymieszać z serem, mąką kukurydzianą, 5 ml/ 1 łyżeczką wina lub sherry i szczyptą soli. Pozwól mu marynować przez 30 minut. Rozgrzej olej i smaż żeberka przez około 3 minuty, aż będą złociste. W woku rozgrzać 15 ml/1 łyżkę oliwy z oliwek, dodać wodę, cukier, pulpę pomidorową, sos chili, skórkę pomarańczową i resztę wina lub sherry, mieszać na małym ogniu przez 2 minuty. Dodaj wieprzowinę i mieszaj, aż będzie dobrze pokryta. Przełóż na ciepły talerz i podawaj udekorowany plasterkami pomarańczy.

Kotlet ananasowy

Służy 4

900 g żeberek wieprzowych
600 ml/1 pkt./2½ szklanki wody
30 ml/2 łyżki oleju arachidowego (orzechowego)
2 ząbki czosnku, drobno posiekane
200 g kawałków ananasa z puszki w soku owocowym
120 ml/4 uncji/½ szklanki bulionu z kurczaka
60 ml/4 łyżki octu winnego
50 g/2 uncje/¼ szklanki brązowego cukru
15 ml/1 łyżka sosu sojowego
15 ml/1 łyżka mąki kukurydzianej (skrobi kukurydzianej)
3 szczypiorek (szczypiorek), posiekany

Włóż wieprzowinę do garnka i wodę, zagotuj, przykryj i gotuj przez 20 minut. Wysusz dobrze.

Rozgrzej oliwę z oliwek i podsmaż czosnek, aż będzie lekko złocisty. Dodaj żeberka i smaż, aż dokładnie pokryją się olejem. Odcedź kawałki ananasa i dodaj 120 ml soku do garnka z bulionem, octem winnym, cukrem i sosem sojowym. Doprowadź do wrzenia, przykryj i gotuj przez 10 minut. Dodaj odsączonego ananasa. Mąkę kukurydzianą wymieszać z odrobiną wody, dodać do sosu i smażyć, mieszając, aż sos się rozjaśni i zgęstnieje. Podawać posypane szczypiorkiem.

Chrupiący kotlet z krewetek

Służy 4

900 g żeberek wieprzowych
450 g/1 funt obranych krewetek
5 ml/1 łyżeczka cukru
sól i świeżo zmielony pieprz
30 ml/2 łyżki mąki pszennej (uniwersalnej)
1 jajko, lekko ubite
100 g bułki tartej
olej do smażenia

Żeberka pokroić na 5 cm/2 kawałki. Wyjmij część mięsa i posiekaj je razem z krewetkami, cukrem, solą i pieprzem. Dodajemy taką ilość mąki i jajka, aby masa była lepka. Dociśnij kawałki żeberek i posyp je bułką tartą. Rozgrzej olej i smaż żeberka, aż wypłyną na powierzchnię. Dobrze odcedź i podawaj na gorąco.

Żeberka z winem ryżowym

Służy 4

900 g żeberek wieprzowych
450 ml/¾ pt./2 szklanki wody
60 ml/4 łyżki sosu sojowego
5 ml/1 łyżeczka soli
30 ml/2 łyżki wina ryżowego
5 ml/1 łyżeczka cukru

Żeberka pokroić na kawałki o wielkości 2,5 cm/1. Umieścić na patelni z wodą, sosem sojowym i solą, doprowadzić do wrzenia, przykryć i gotować przez 1 godzinę. Wysusz dobrze. Rozgrzej patelnię, dodaj żeberka, wino ryżowe i cukier. Smażyć na dużym ogniu, aż płyn odparuje.

Żeberka z sezamem

Służy 4

900 g żeberek wieprzowych
1 jajko
30 ml/2 łyżki mąki pszennej (uniwersalnej)
5 ml/1 łyżeczka mąki ziemniaczanej
45ml/3 łyżki wody
olej do smażenia
30 ml/2 łyżki oleju arachidowego (orzechowego)
30 ml/2 łyżki ketchupu pomidorowego (catsup)
30 ml/2 łyżki brązowego cukru
10 ml/2 łyżeczki octu winnego
45 ml/3 łyżki nasion sezamu
4 liście sałaty

Żeberka pokroić na 10 cm/4 kawałki i włożyć do miski. Jajko wymieszać z mąką, mąką ziemniaczaną i wodą, dodać do żeberek i odstawić na 4 godziny.

Rozgrzewamy olej i smażymy żeberka na złoty kolor, wyjmujemy i odsączamy. Rozgrzewamy olej i smażymy przez kilka minut ketchup pomidorowy, brązowy cukier i ocet winny. Dodaj żeberka i smaż, aż będą dobrze pokryte. Posypać nasionami sezamu i smażyć przez 1 minutę. Ułóż liście sałaty na ciepłym talerzu, ułóż żeberka i podawaj.

Kotlety z sosem słodko-kwaśnym

Służy 4

900 g żeberek wieprzowych

600 ml/1 pkt./2 ½ szklanki wody

30 ml/2 łyżki oleju arachidowego (orzechowego)

2 ząbki czosnku, zmiażdżone

5 ml/1 łyżeczka soli

100 g/4 uncji/½ szklanki brązowego cukru

75 ml/5 łyżek bulionu z kurczaka

60 ml/4 łyżki octu winnego

100 g kawałków ananasa w syropie

15 ml/1 łyżka przecieru pomidorowego (pasta)

15 ml/1 łyżka sosu sojowego

15 ml/1 łyżka mąki kukurydzianej (skrobi kukurydzianej)

30 ml/2 łyżki wiórków kokosowych

Włóż wieprzowinę do garnka i wodę, zagotuj, przykryj i gotuj przez 20 minut. Wysusz dobrze.

Rozgrzej oliwę i podsmaż żeberka z czosnkiem i solą na złoty kolor. Dodać cukier, bulion i ocet winny i doprowadzić do wrzenia. Odcedzić ananasa i dodać 30 ml/2 łyżki syropu do garnka z przecierem pomidorowym, sosem sojowym i mąką kukurydzianą. Dobrze wymieszaj i gotuj na wolnym ogniu, mieszając, aż sos się rozjaśni i zgęstnieje. Dodać ananasa, smażyć 3 minuty i podawać posypane kokosem.

Duszone Żeberka

Służy 4

900 g żeberek wieprzowych
1 jajko, ubite
5 ml/1 łyżeczka sosu sojowego
5 ml/1 łyżeczka soli
10 ml/2 łyżeczki mąki kukurydzianej (skrobi kukurydzianej)
10 ml/2 łyżeczki cukru
60 ml/4 łyżki oleju arachidowego
250 ml/8 uncji/1 szklanka octu winnego
250 ml/8 uncji/1 szklanka wody
250 ml/8 uncji/1 szklanka wina ryżowego lub wytrawnego sherry

Żeberka włóż do miski. Jajko wymieszaj z sosem sojowym, solą, połową mąki kukurydzianej i połową cukru, dodaj do żeberek i dobrze wymieszaj. Rozgrzej olej i smaż żeberka na złoty kolor. Dodać pozostałe składniki, doprowadzić do wrzenia i gotować aż płyn prawie odparuje.

Żeberka Z Pomidorem

Służy 4

900 g żeberek wieprzowych
75 ml/5 łyżek sosu sojowego
30 ml/2 łyżki wina ryżowego lub wytrawnego sherry
2 jajka, ubite
45 ml/3 łyżki mąki kukurydzianej (skrobi kukurydzianej)
olej do smażenia
45 ml/3 łyżki oleju arachidowego
1 cebula, pokrojona w cienkie plasterki
250 ml/8 uncji uncji/1 szklanka bulionu z kurczaka
60 ml/4 łyżki ketchupu pomidorowego (catsup)
10 ml/2 łyżeczki brązowego cukru

Żeberka pokroić na kawałki o wielkości 2,5 cm/1. Wymieszaj z 60 ml/4 łyżkami sosu sojowego i winem lub sherry i odstaw do marynowania na 1 godzinę, od czasu do czasu mieszając. Odcedź, wylewając marynatę. Zanurz żeberka w jajku, a następnie w mące kukurydzianej. Rozgrzej olej i smaż żeberka, po kilka na raz, na złoty kolor. Wysusz dobrze. Rozgrzej olej z orzeszków ziemnych i smaż cebulę, aż będzie przezroczysta. Dodać bulion, pozostały sos sojowy, ketchup i brązowy cukier i smażyć przez 1 minutę, mieszając. Dodaj żeberka i gotuj przez 10 minut.

Wieprzowina Pieczona Na Grillu

Porcja 4-6

1,25 kg/3 funty łopatki wieprzowej bez kości
2 ząbki czosnku, zmiażdżone
2 szczypiorek (szczypiorek), posiekany
250 ml/8 uncji/1 szklanka sosu sojowego
120 ml/4 uncji/½ szklanki wina ryżowego lub wytrawnego sherry
100 g/4 uncji/½ szklanki brązowego cukru
5 ml/1 łyżeczka soli

Umieść wieprzowinę w misce. Pozostałe składniki wymieszać, polać wieprzowinę, przykryć i marynować przez 3 godziny. Przenieś wieprzowinę i marynatę na blachę do pieczenia i piecz w nagrzanym piekarniku w temperaturze 200°C/400°F/gaz 6 przez 10 minut. Zmniejsz temperaturę do 160°C/325°F/stopień gazu 3 na 1,5 godziny, aż wieprzowina będzie ugotowana.

Zimna wieprzowina z musztardą

Służy 4

*1 kg/2 funty pieczonej wieprzowiny bez kości
250 ml/8 uncji/1 szklanka sosu sojowego
120 ml/4 uncji/½ szklanki wina ryżowego lub wytrawnego sherry
100 g/4 uncji/½ szklanki brązowego cukru
3 szczypiorek (szczypiorek), posiekany
5 ml/1 łyżeczka soli
30 ml/2 łyżki musztardy w proszku*

Umieść wieprzowinę w misce. Wszystkie pozostałe składniki oprócz musztardy wymieszać i polać wieprzowinę. Marynuj przez co najmniej 2 godziny, często polewając. Blachę do pieczenia wyłóż folią aluminiową i umieść wieprzowinę na ruszcie w brytfance. Piec w nagrzanym piekarniku w temperaturze 200°C/400°F/stopień gazu 6 przez 10 minut, następnie zmniejszyć temperaturę do 160°C/325°F/stopień gazu 3 przez kolejne 1¾ godziny, aż mięso będzie miękkie. miękki. Pozwól mu ostygnąć, a następnie wstaw do lodówki. Pokrój bardzo cienko. Zmieszaj proszek musztardowy z taką ilością wody, aby powstała kremowa pasta, którą można podawać z wieprzowiną.

Chińska Pieczona Wieprzowina

Serwuje 6

Kawałek wieprzowiny o wadze 1,25 kg / 3 funty, pokrojony w grube plasterki
2 ząbki czosnku, drobno posiekane
30 ml/2 łyżki wina ryżowego lub wytrawnego sherry
15 ml/1 łyżka brązowego cukru
15 ml/1 łyżka miodu
90 ml/6 łyżek sosu sojowego
2,5 ml/½ łyżeczki proszku pięciu smaków

Ułóż wieprzowinę w płytkim naczyniu. Wymieszaj pozostałe składniki, polej wieprzowinę, przykryj i marynuj w lodówce przez noc, od czasu do czasu obracając i polewając.

Plastry wieprzowe ułożyć na ruszcie w brytfance wypełnionej odrobiną wody i dobrze skropić marynatą. Piec w piekarniku nagrzanym do 180°C/350°F/stopień gazu 5 przez około 1 godzinę, od czasu do czasu podlewając, aż wieprzowina będzie ugotowana.

Wieprzowina ze szpinakiem

Porcja 6-8

30 ml/2 łyżki oleju arachidowego (orzechowego)
1,25 kg/3 funty schabu wieprzowego
250 ml/8 uncji uncji/1 szklanka bulionu z kurczaka
15 ml/1 łyżka brązowego cukru
60 ml/4 łyżki sosu sojowego
900 g szpinaku

Rozgrzewamy olej i obsmażamy mięso ze wszystkich stron. Odlać większość tłuszczu. Dodać bulion, cukier i sos sojowy, doprowadzić do wrzenia, przykryć i gotować na wolnym ogniu przez około 2 godziny, aż wieprzowina będzie ugotowana. Mięso zdejmujemy z patelni i pozostawiamy do lekkiego ostygnięcia, a następnie kroimy w plastry. Na patelnię wrzucamy szpinak i smażymy, delikatnie mieszając, aż zmięknie. Odcedź szpinak i połóż na ciepłym talerzu. Na wierzchu ułóż plastry wieprzowiny i podawaj.

Smażone kulki wieprzowe

Służy 4

450 g/1 funt mielonej wieprzowiny (mielonej)
1 plasterek korzenia imbiru, posiekany
15 ml/1 łyżka mąki kukurydzianej (skrobi kukurydzianej)
15ml/1 łyżka wody
2,5 ml/½ łyżeczki soli
10 ml/2 łyżeczki sosu sojowego
olej do smażenia

Wymieszaj wieprzowinę i imbir. Wymieszaj mąkę kukurydzianą, wodę, sól i sos sojowy, następnie dodaj mieszaninę do wieprzowiny i dobrze wymieszaj. Formuj kulki wielkości orzecha włoskiego. Rozgrzej olej i smaż kluski wieprzowe, aż wypłyną na powierzchnię oleju. Wyjąć z oleju i ponownie podgrzać. Włóż wieprzowinę z powrotem na patelnię i smaż przez 1 minutę. Wysusz dobrze.

Roladki z jajek wieprzowych i krewetek

Służy 4

30 ml/2 łyżki oleju arachidowego (orzechowego)

225 g mielonej wieprzowiny (mielonej)

225 g krewetek

100 g posiekanych liści chińskich

100 g pędów bambusa pokrojonych w paski

100 g kasztanów wodnych, pokrojonych w paski

10 ml/2 łyżeczki sosu sojowego

5 ml/1 łyżeczka soli

5 ml/1 łyżeczka cukru

3 szalotki (szczypiorek), drobno posiekane

8 skórek do bułek jajecznych

olej do smażenia

Rozgrzej olej i smaż wieprzowinę, aż będzie szczelna. Dodaj krewetki i smaż przez 1 minutę. Dodaj liście chińskie, pędy bambusa, kasztany wodne, sos sojowy, sól i cukier i smaż przez 1 minutę, następnie przykryj i gotuj na wolnym ogniu przez 5 minut. Dodać szczypiorek, przełożyć na sitko i odsączyć.

Umieść kilka łyżek mieszanki nadzienia na środku każdej bułki jajecznej, złóż spód, zawiń boki, a następnie zwiń, zamykając nadzienie. Uszczelnij brzeg niewielką ilością mąki i wody i pozostaw do wyschnięcia na 30 minut. Rozgrzej olej i smaż bułeczki jajeczne przez około 10 minut, aż będą chrupiące i złociste. Dobrze odcedzić przed podaniem.

Mielona wieprzowina na parze

Służy 4

450 g/1 funt mielonej wieprzowiny (mielonej)
5 ml/1 łyżeczka mąki kukurydzianej (skrobi kukurydzianej)
2,5 ml/½ łyżeczki soli
10 ml/2 łyżeczki sosu sojowego

Mięso wieprzowe wymieszać z pozostałymi składnikami i przełożyć masę do płytkiego naczynia żaroodpornego. Umieścić w parowarze nad wrzącą wodą i gotować na parze przez około 30 minut, aż będzie ugotowane. Podawać na gorąco.

Smażona wieprzowina z mięsem kraba

Służy 4

225 g mięsa kraba w płatkach
100 g posiekanych grzybów
100 g posiekanych pędów bambusa
5 ml/1 łyżeczka mąki kukurydzianej (skrobi kukurydzianej)
2,5 ml/½ łyżeczki soli
225 g gotowanej wieprzowiny, pokrojonej w plasterki
1 białko, lekko ubite
olej do smażenia
15 ml/1 łyżka posiekanej świeżej natki pietruszki

Wymieszaj mięso kraba, grzyby, pędy bambusa, większość mąki kukurydzianej i sól. Mięso pokroić w kwadraty o boku 5 cm/2.

Zrób kanapki z mieszanką mięsa kraba. Zanurz w białku jajka. Rozgrzej olej i smaż kanapki, po kilka na raz, na złoty kolor. Wysusz dobrze. Podawać posypane natką pietruszki.

Wieprzowina z kiełkami fasoli

Służy 4

30 ml/2 łyżki oleju arachidowego (orzechowego)
2,5 ml/½ łyżeczki soli
2 ząbki czosnku, zmiażdżone
450 g kiełków fasoli
225 g gotowanej wieprzowiny pokrojonej w kostkę
120 ml/4 uncji/½ szklanki bulionu z kurczaka
15 ml/1 łyżka sosu sojowego
15 ml/1 łyżka wina ryżowego lub wytrawnego sherry
5 ml/1 łyżeczka cukru
15 ml/1 łyżka mąki kukurydzianej (skrobi kukurydzianej)
2,5 ml/½ łyżeczki oleju sezamowego
3 szczypiorek (szczypiorek), posiekany

Rozgrzej oliwę z oliwek i podsmaż sól i czosnek, aż lekko się zarumienią. Dodaj kiełki fasoli i wieprzowinę i smaż przez 2 minuty. Dodać połowę bulionu, doprowadzić do wrzenia, przykryć i gotować 3 minuty. Pozostały bulion wymieszać z resztą składników, wlać na patelnię, ponownie zagotować i gotować 4 minuty, mieszając. Podawać posypane szczypiorkiem.

Pijana świnia

Serwuje 6

1,25 kg/3 funty wieprzowiny bez kości
30 ml/2 łyżki soli
świeżo zmielony pieprz
1 szczypiorek (szczypiorek), posiekany
2 ząbki czosnku, posiekane
1 butelka wytrawnego białego wina

Mięso włóż na patelnię, dodaj sól, pieprz, szczypiorek i czosnek. Zalać wrzącą wodą, ponownie zagotować, przykryć i gotować 30 minut. Wyjmij wieprzowinę z patelni, ostudź i osusz przez 6 godzin lub przez noc w lodówce. Wieprzowinę pokroić na duże kawałki i włożyć do dużego słoika z zakręcaną pokrywką. Zalać winem, przykryć i przechowywać w lodówce co najmniej 1 tydzień.

Noga wieprzowa na parze

Porcja 6-8

1 mała noga wieprzowa

90 ml/6 łyżek sosu sojowego

450 ml/¾ pt./2 szklanki wody

45 ml/3 łyżki brązowego cukru

15 ml/1 łyżka wina ryżowego lub wytrawnego sherry

30 ml/2 łyżki oleju arachidowego (orzechowego)

3 ząbki czosnku, zmiażdżone

450 g/1 funt szpinaku

2,5 ml/½ łyżeczki soli

30 ml/2 łyżki mąki kukurydzianej (skrobi kukurydzianej)

Nakłuj skórę wieprzową ostrym nożem i natrzyj ją 30 ml/2 łyżkami sosu sojowego. Włożyć do ciężkiego garnka z wodą, zagotować, przykryć i gotować przez 40 minut. Odcedź, zachowując płyn, poczekaj, aż wieprzowina ostygnie, a następnie przełóż ją do żaroodpornej miski.

Zmieszaj 15 ml/1 łyżkę cukru, wino lub sherry i 30 ml/2 łyżki sosu sojowego i natrzyj wieprzowinę. Rozgrzej oliwę z oliwek i podsmaż czosnek, aż będzie lekko złocisty. Dodaj pozostały cukier i sos sojowy, polej powstałą mieszanką wieprzowinę i przykryj miskę. Miskę wstaw do woka i napełnij ją do połowy wodą. Przykryj i gotuj na parze przez około 1,5 godziny, w razie potrzeby uzupełnij wrzącą wodą. Szpinak pokroić na 5 cm/2 kawałki i posypać solą. W garnku zagotować wodę i zalać szpinakiem. Odstawić na 2 minuty, aż szpinak zacznie mięknąć, odcedzić i ułożyć na ciepłym talerzu. Połóż wieprzowinę na wierzchu. Doprowadź bulion wieprzowy do wrzenia. Mąkę kukurydzianą wymieszać z odrobiną wody, dodać do bulionu i gotować, mieszając, aż sos się rozjaśni i zgęstnieje. Polać wieprzowiną i podawać.

Pieczona wieprzowina z warzywami

Służy 4

50 g blanszowanych migdałów
30 ml/2 łyżki oleju arachidowego (orzechowego)
sól
100 g grzybów pokrojonych w kostkę
100 g pędów bambusa, pokrojonych w kostkę
1 cebula, pokrojona w kostkę
2 łodygi selera, pokrojone w kostkę
100 g groszku pokrojonego w kostkę
4 kasztany wodne pokrojone w kostkę
1 szczypiorek (szczypiorek), posiekany
20 ml/4 uncji/½ szklanki bulionu z kurczaka
225 g Pieczona wieprzowina z grilla, pokrojona w kostkę
15 ml/1 łyżka mąki kukurydzianej (skrobi kukurydzianej)
45ml/3 łyżki wody
2,5 ml/½ łyżeczki cukru
świeżo zmielony pieprz

Migdały prażymy na lekko złoty kolor. Rozgrzej olej i sól, następnie dodaj warzywa i smaż przez 2 minuty, aż pokryją się olejem. Dodać bulion, doprowadzić do wrzenia, przykryć i gotować przez 2 minuty, aż warzywa będą prawie ugotowane, ale nadal chrupiące. Dodać wieprzowinę i podgrzać. Mąkę kukurydzianą, wodę, cukier i pieprz wymieszać z sosem. Gotuj, mieszając, aż sos rozjaśni się i zgęstnieje.

Świnia dwa razy

Służy 4

45 ml/3 łyżki oleju arachidowego
6 szczypiorków (szczypiorek), posiekanych
1 ząbek czosnku, zmiażdżony
1 plasterek korzenia imbiru, posiekany
2,5 ml/½ łyżeczki soli
225 g gotowanej wieprzowiny pokrojonej w kostkę
15 ml/1 łyżka sosu sojowego
15 ml/1 łyżka wina ryżowego lub wytrawnego sherry
30 ml/2 łyżki pasty fasolowej

Rozgrzej oliwę i podsmaż cebulę, czosnek, imbir i sól, aż się lekko zrumienią. Dodaj wieprzowinę i smaż przez 2 minuty. Dodać sos sojowy, wino lub sherry i pastę fasolową i smażyć przez 3 minuty.

Nerki Wieprzowe Z Mangetoutem

Służy 4

4 nerki wieprzowe, przekrojone na pół i pozbawione pestek

30 ml/2 łyżki oleju arachidowego (orzechowego)

2,5 ml/½ łyżeczki soli

1 plasterek korzenia imbiru, posiekany

3 łodygi selera, posiekane

1 posiekana cebula

30 ml/2 łyżki sosu sojowego

15 ml/1 łyżka wina ryżowego lub wytrawnego sherry

5 ml/1 łyżeczka cukru

60 ml/4 łyżki bulionu z kurczaka

225 g groszku (groch)

15 ml/1 łyżka mąki kukurydzianej (skrobi kukurydzianej)

45ml/3 łyżki wody

Gotuj nerki przez 10 minut, odcedź i opłucz w zimnej wodzie. Rozgrzać olej i smażyć sól i imbir przez kilka sekund. Dodaj nerki i smaż przez 30 sekund, aż pokryją się olejem. Dodaj seler i cebulę i smaż przez 2 minuty. Dodaj sos sojowy, wino lub sherry i cukier i smaż przez 1 minutę. Dodać bulion, doprowadzić do wrzenia, przykryć i gotować 1 minutę. Dodaj mangetout, przykryj i gotuj przez 1 minutę. Wymieszaj mąkę kukurydzianą z wodą, następnie dodaj do sosu i gotuj, aż sos się rozjaśni i zgęstnieje. Podawać na raz.

Czerwona szynka z kasztanami

Porcja 4-6

1,25 kg/3 funty szynki
2 cebule dymki (szczypiorek), przekrojone na pół
2 ząbki czosnku, zmiażdżone
45 ml/3 łyżki brązowego cukru
30 ml/2 łyżki wina ryżowego lub wytrawnego sherry
60 ml/4 łyżki sosu sojowego
450 ml/¾ pt./2 szklanki wody
350 g kasztanów

Szynkę umieścić na patelni z cebulą dymką, czosnkiem, cukrem, winem lub sherry, sosem sojowym i wodą. Doprowadzić do wrzenia, przykryć i gotować przez około 1 1/2 godziny, od czasu do czasu obracając szynkę. Blanszuj kasztany we wrzącej wodzie przez 5 minut i odcedź. Dodaj do szynki, przykryj i gotuj jeszcze przez godzinę, obracając szynkę raz lub dwa razy.

Smażona szynka i kulki jajeczne

Służy 4

225 g posiekanej szynki wędzonej
2 szczypiorek (szczypiorek), posiekany
3 ubite jajka
4 kromki czerstwego chleba
10 ml/2 łyżki mąki zwykłej (uniwersalnej)
2,5 ml/½ łyżeczki soli
olej do smażenia

Wymieszaj szynkę, szczypiorek i jajka. Chleb pokruszyć na okruchy i wymieszać z szynką z mąką i solą. Formuj kulki wielkości orzecha włoskiego. Rozgrzej olej i smaż kluski mięsne na złoty kolor. Dobrze odsącz na papierze kuchennym.

Szynka i Ananas

Służy 4

4 suszone grzyby chińskie
15 ml/1 łyżka oleju arachidowego
1 ząbek czosnku, zmiażdżony
50 g kasztanów wodnych, pokrojonych w plasterki
50 g pędów bambusa
225 g szynki, posiekanej
225 g kawałków ananasa z puszki w soku owocowym
120 ml/4 uncji/½ szklanki bulionu z kurczaka
15 ml/1 łyżka sosu sojowego
15 ml/1 łyżka mąki kukurydzianej (skrobi kukurydzianej)

Grzyby namoczyć w ciepłej wodzie na 30 minut i odcedzić. Odrzuć łodygi i odetnij wierzchołki. Rozgrzej oliwę z oliwek i podsmaż czosnek, aż będzie lekko złocisty. Dodaj grzyby, kasztany wodne i pędy bambusa i smaż przez 2 minuty. Dodaj szynkę i odsączone kawałki ananasa i smaż przez 1 minutę. Dodać 30 ml/2 łyżki soku ananasowego, większość bulionu z kurczaka i sos sojowy. Doprowadź do wrzenia, przykryj i gotuj przez 5 minut. Mąkę kukurydzianą wymieszać z pozostałym bulionem i dodać do sosu. Gotuj, mieszając, aż sos rozjaśni się i zgęstnieje.

Frittata z szynką i szpinakiem

Służy 4

30 ml/2 łyżki oleju arachidowego (orzechowego)

2,5 ml/½ łyżeczki soli

1 ząbek czosnku, posiekany

2 szczypiorek (szczypiorek), posiekany

225 g szynki pokrojonej w kostkę

450 g/1 funt szpinaku, posiekanego

60 ml/4 łyżki bulionu z kurczaka

15 ml/1 łyżka mąki kukurydzianej (skrobi kukurydzianej)

15 ml/1 łyżka sosu sojowego

45ml/3 łyżki wody

5 ml/1 łyżeczka cukru

Rozgrzej oliwę z oliwek i podsmaż sól, czosnek i szczypiorek, aż się lekko zrumienią. Dodaj szynkę i smaż przez 1 minutę. Dodaj szpinak i mieszaj, aż pokryje się olejem. Dodać bulion, doprowadzić do wrzenia, przykryć i gotować 2 minuty, aż szpinak zacznie więdnąć. Wymieszaj mąkę kukurydzianą, sos sojowy, wodę i cukier i wymieszaj na patelni. Gotuj, mieszając, aż sos zgęstnieje.

www.ingramcontent.com/pod-product-compliance
Lightning Source LLC
Chambersburg PA
CBHW071836110526
44591CB00011B/1336